天津市科普重点项目

Information Retrieval is Everywhere

信息检索无处不在

主编　王宏波

天津出版传媒集团
天津科技翻译出版有限公司

图书在版编目（CIP）数据

信息检索无处不在 / 王宏波主编 . — 天津 : 天津科技翻译出版有限公司 , 2017.6

ISBN 978-7-5433-3709-1

Ⅰ . ①信… Ⅱ . ①王… Ⅲ . ①互联网络—应用—信息检索—研究 Ⅳ . ① G254.9-39

中国版本图书馆 CIP 数据核字 (2017) 第 126746 号

出　　版：天津科技翻译出版有限公司
出 版 人：刘 庆
地　　址：天津市南开区白堤路244号
邮政编码：300192
电　　话：（022）87894896
传　　真：（022）87895650
网　　址：www.tsttpc.com
印　　厂：北京博海升彩色印刷有限公司
发　　行：全国新华书店
版本记录：710×1000 16开本 8.5印张 200千字
2017年6月第1版 2017年6月第1次印刷
定价：35.00元

编委会名单

PREFACE 前言

能够判断什么时候需要信息，并且懂得如何去获取信息，如何去评价和有效利用所需要的信息是判断一个人信息素养的标准，其中懂得如何去获取信息指的就是信息检索。在当代，信息素养已经成为国民必备的基本素质之一，信息检索意识、能力和技巧的培养也越来越受到关注和重视，很多国家已经把信息检索技能贯穿于学校教育，从小抓起，把掌握和运用信息检索获取信息作为与读、写、算同样重要的终身有用的基础能力。信息检索在日常生活、学习中的作用和应用是本书的编写重点，围绕提高信息需求者适应信息化社会的检索实践能力而展开，向全社会普及信息检索知识和技能，随着信息化时代的迅猛发展，这些能力会越来越显示出重要性和紧迫性。

信息检索就是通过某种途径和方法，把想要知道的、了解的信息从某信息集合中搜索出来。不难看出，信息检索需要满足两个必要条件，即信息集合和信息获取。信息无处不在的特点及网络信息爆炸式增长的趋势，是信息集合、聚类的前提和基础，人们对信息的多种需求和获取效率，是促使信息检索产生的原因和动力。

本书以科普为目的，适应时下推崇的泛在化学习、终身学习的理念，以“互联网 +”为背景，结合百姓生活中的实际案例，首先从信息的基本理论讲起，继而引入信息检索的相关内容，包括信息检索的由来、发展、技术、方法、语言及评价标准，信息检索各类工具及其特点比较，最后分别从生活必备、购物休闲、个人优化三个实践角度分类介绍具体信息的检索途径和方法，讲述如何快速掌握、利用各种检索工具查找所需资源，让信息海洋中的大海捞针变得易如反掌，逐步培养个人信息素养，提高生活、学习、工作乃至科研的效率，编写内容尽量满足不同年龄、不同层次人群的学习需求， 通过大量的实例和图片，深入浅出地将信息检索融入日常生活。另外，除了注重培养迅速获取和筛选信息的能力之外，还特别增加了准确鉴别信息真伪、加工处理信息能力的部分，使用户在过量信息充斥的环境下能够保持清醒的判断，不被虚假信息蒙蔽，积极发挥信息检索的正向作用。

通过信息检索可以扩大个人知识范围、提高信息获取效率、扫除生活工作障碍、实现终身通识学习。可以说，具备良好的信息素养，把信息检索作为实现终身学习和合作学习的手段是适应信息社会的学习、工作和生活的必要基础。让每个人都树立信息检索意识，掌握一定的信息检索技能，并结合自身的实际需求解决所遇到的问题，在提高个人信息素养的同时，也是对全社会信息素养的推进，相信会对人们日常生活和科学技术的发展产生深刻影响。

编者

2017 年 6 月

CONTENTS 目录

信息入门篇

信息检索理论篇

信息检索工具篇

信息检索实践篇

信息入门篇

一、信息的起源：从结绳记事谈起

上古无文字，结绳以记事。在语言和文字没有形成统一的标准之前，我们的先人是以打绳结、刻树皮、画圈圈等方式记录信息的。不同的绳结和标记代表着不同的信息，这便是我们可以追溯的最早有记录的信息。绳结原物虽已经无法取证，但我们可以从原始社会绘画中遗存的网纹图、陶器上的绳纹等实物得到佐证。后来聪明的古人又采用龟甲、兽骨、金石、竹简、木牍、绢帛之类的物品记录事物。商代的甲骨文，战国到秦汉的竹简、木牍和帛书、帛画都记载了极具意义的历史信息。随着社会经济、文化的发展，尤其是经过秦代统一文字、东汉发明造纸术、北宋发明活字印刷术，信息的记录和传递更是有了质的飞跃，以记录有生产、生活、政治、经济、军事、历史等内容的相对系统的全面文献信息取代了先前零散、片面的实物信息和符号信息。

现代社会，随着存储介质的变化，信息的内容、类型、传递方式都发生了翻天覆地的变化，文本、影音、多媒体等各种形式的电子信息随着网络的普及扑面而来，自此我们步入了信息爆炸的时代。

二、信息的作用：指导行为和做出决策的依据

中国古代制定的二十四节气能够科学地反映出季节变化的信息，千百年来作为指导农耕的依据，影响着千家万户的衣、食、住、行。诸葛亮靠所知天文信息夜观天象，判定三日之后必有大雾可以利用，最终不费吹灰之力“借取”曹军十万弓箭。《孙子·谋攻篇》中说：“知己知彼，百战不殆；不知彼而知己，一胜一负；不知彼，不知己，每战必殆。”也充分证明了信息在军事中有着决定胜负的指导作用。

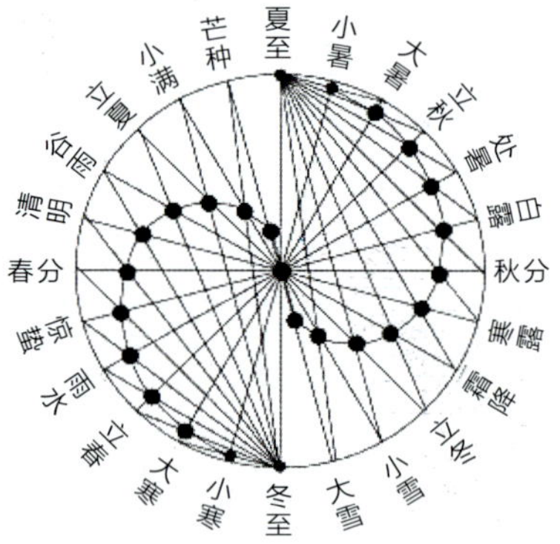

图 1.1 二十四节气示意图

如今的网络时代，信息更是无处不与我们的日常生活息息相关，如吃饭穿衣、旅游出行、房价涨跌、教育方针、招聘就业、医疗保健、宠物饲养等无不需要我

们紧跟时代趋势，关注前沿信息。我们所做的任何行为和决定，都是以每个人自身已经掌握的和有能力获取的信息为依据的；信息闭塞不通畅会产生很多问题，这样就容易愚昧、落后，容易做出错误的乃至终身后悔的事情。所以树立信息意识，提高信息获取能力是幸福生活、正确决策的必备技能之一。

三、信息的特点

1. 信息无处不在

通常我们认为的信息肯定都是图书、杂志、报纸、新闻中涵盖的内容，而且也只认为这些经过搜集、整理、加工然后按照一定的标准分成不同类别，继而向社会公众传播的内容才能叫作信息。其实不然，按照信息最广泛的概念，即“信息是事物运动的状态和存在的方式”来判断，自然界的花草树木、人类的举手投足以及人类思维当中的思想判断都应该承载着无数信息。信息的存在亦动亦静、亦古亦今、亦人亦物。我们可以逆向设想一下：世界上是否有可以脱离信息而独立存在的事物？毋庸置疑答案是否定的，这也是信息无处不在的最佳反证。

信息无处不在还体现在另外两个方面。一是信息的多种表现形式，如动作、语言、文字、图像、声音、气味等。这些形式无论是与我们的日常生活抑或是专业研究都是紧密结合、不可分割的。人类信息的沟通需要靠语言，文化信息的传承需要靠文字，场景信息的展现需要靠图像，信息正是通过这些我们习以为常的形式默默地存在于我们身边。二是信息的多种获取途径，如看、听、闻、摸、说等。蚂蚁搬家、燕子低飞都预示着即将降雨的信息；朝霞不出门、晚霞行千里说的是看云识别天气信息；立夏耕田、小满灌水是古人传下来的农事指导信息。这些司空见惯的行为和现象可以指导我们避雨、出行、农耕。信息就是这样悄无声息地围绕着我们，而不关乎我们是否意识到它。

2. 载体依附性

信息必须依附于载体。没有任何一个事物是可以脱离信息而独立存在的。同样的，更没有任何一种信息是可以脱离实物载体而独立存在的。这就是信息的依附性。我们可以获取的信息无不是通过文字、数字、符号、图像、图形、声音、情景、状态等方式传播的内容。比如我们阅读的书籍本身并不是信息，甚至书中的文字也只能算是一种符号信息，真正的信息是我们通过阅读书籍上的文字了解书籍中的内容。由此可见，“内容”信息必须由文字作为表现形式，再由纸张作为载体。脱离了文字和纸张，信息根本就无法存在。

信息有多种载体可以依附，如图书、期刊、报纸、新闻、广播、电视、网络、电子文档等，不同的信息可以依附相同的载体，同样的信息也可以依附不同的载体。还是以书籍为例，图书可以作为信息的载体是毫无疑问的，但是文字既可以印刷在书本上，镌刻在石碑上，也可以存储到电脑中，所以我们关注信息时也不要拘泥于某一种载体。

信息载体的特性。载体的含义是指某些能传递或运载其他物质的物体，比如一个感冒患者就是感冒病毒的载体，病毒自己并不能传播，要通过患感冒（存储感冒病毒）的人才能完成传播（传染给其他人）。信息的载体也是如此，需要具有可存储、可传递、可转换等特点。

3. 价值性

任何信息都有它存在的合理性和价值性，虽然对不同类的主体来说有价值的信息是不同的，但是信息总是在那里等待有不同需求的人随时去发现。比如，人的一生要经历求学－工作－成家等阶段，需求的信息也会随着时间历经考试题库－应聘求职－育儿百科等不同范畴，所以对个体而言，各类信息的价值性是按照每个个体的自身需求而不断变化的。但作为普遍存在的信息，它不会因为某个个体的暂时不需要就失去它的价值，换句话说，张三不感兴趣的信息也许可以改变李四的命运。再比如，已经过期的天气信息虽然对我们当前的出行计划失效了，但是气象工作人员却可以根据历年的天气信息预测某地在未来某一时间段的天气状况，而这可以让我们在有需要时提前预知天气变化做出适时的预防措施。

信息价值性还可以体现为当信息的拥有者提供了对信息需求者有使用价值的内容时，信息也便具备了商品的价值性。教师在课堂上讲授自己的学识，完成本职工作获得工资收入；经营者利用自己的金融知识及敏锐判断，做出决策避免利益受损。这两个例子中的工资收入和挽回利益便是信息带给主人的价值。

4. 时效性

幼儿园孩子爱不释手的绘本对于已经上了中学的孩子可能会觉得太幼稚；到了晚上才看到当天的天气信息已经对出行没有帮助；考试结束才获知的考试时间已经无法摆脱补考的命运。以上的例子说明信息并不是永远有效的，信息在一定时间范围内的效力就是信息的时效性，说白了就是这个信息过没过期。

新闻信息、军事信息、经济信息等对信息时效性要求是最高的，尤其是在网络信息如此迅捷的今天，稍微的信息滞后都有可能落后于千里，一条及时的信息可能价值连城，一条过时的信息则可能分文不值。这就要求信息资源的利用者要善于把握时机，只有时机适宜，才能发挥信息的作用。因此信息资源比其他任何资源都更具有时效性。

5. 共享性

信息可以被一次、多次、同时利用，而且也不会因为共享发生丢失或改变。信息的依附性决定了它可以转换成不同的载体形式而被存储下来和传播出去，供更多的人分享。而“分享”的同时也说明信息可传递、可存储。

对于信息的共享性，萧伯纳有一个非常形象的比喻：你有一个苹果，我有一个苹果， 彼此交换一下，我们仍然各有一个苹果。如果你有一种思想，我也有一种思想，我们相互交流之后，我们就都有了两种思想，甚至更多。这个例子说明了信息不会像物质一样因为共享而减少， 反而可以因为共享而衍生出更多。

6. 真伪性

现代社会随着人们获得信息的渠道越来越广泛，除了报纸、广播、电视等传统媒介，互联网、手机以及目之所及的户外大屏幕等新型媒介的加入，使得人们获取各类信息的途径不断增加。尤其是人们对信息重要程度的认识越来越普及和深入，信息垄断被打破，大量的信息被人们共享。但是，人们在享受着信息便利的同时也会受到信息量巨大，甚至真伪难辨的困扰。真假信息带给我们的可能是截然相反的两条路。所以我们在接触这些经过转换和传递的信息时，首先应该利用自己已有的常识和学习获得的技巧来判断其真伪。另外，当前随着智能手机和各种移动终端的普及，微信、微博、QQ 等社交软件变成了生活的一部分。微信上的信息和帖子在方便我们了解信息的同时，也存在着真假难辨的问题。很多人因为看到了谣传信息没有认真判断，甚至上当受骗影响了自己的生活。本书就涵盖了通过讲述信息检索的技巧和方法帮助大家在信息海洋中去伪存真的内容。

四、信息的种类 ▶▶▶

信息广泛存在于自然界、人类社会及人类的思维当中。依据不同的标准，信息也可分为各种类型和形式。了解信息的类型不仅有助于我们加深对信息内涵及其特征的认识，也有助于我们针对不同的信息类型采用不同的信息检索方法。

（1）按照性质划分，信息可分为语法信息、语义信息和语用信息。例如“现在上课”的语法信息便是这四个汉字的字符，无论怎样排列均可，其语义信息表示的是“时间 + 事件”的结构，表示现在要上课了；而语用信息则意味着这四个字带来的背后效力，即现在上课了，该认真坐好，准备听课了。

（2）按产生的作用，信息可以分为有用信息、无用信息和有害信息。此处的有用与否是相对于信息的接受者主观角度来讲的，一条信息对有的人是无用的，对其他人却可能是救命稻草。

（3）按照存在方式，信息可分为客观信息和主观信息。反映事物原本面貌的信息即为客观信息，比如某物体的尺寸、颜色、形状等都属于客观信息。而经过加工、提炼的信息则为主观信息，比如个人观点。主观信息只有符合客观实际才是正确的。

（4）按应用领域，信息可分为工业信息、农业信息、军事信息、政治信息、科技信息、文化信息、经济信息、市场信息和管理信息等。

（5）按产生的时间，信息可以分为历史信息、现时信息和预测信息。

（6）按载体不同，信息可分为文献信息、口头信息、电子信息、生物信息等。文献信息就是文献所表达的内载信息，以文字、符号、声像信息为编码的人类精神信息，也是经人们筛选、归纳和整理后记录下来的信息。它与人工符号本身没有必然的联系，但要通过符号系统实现其传递。

信息技术的发展和网络的全面普及，给人们对信息的认识和获取带来了新的变化和挑战。对于无处不在又爆炸式增长的信息，人们必须加快学习速度以适应时代要求。我们每个人一定要正确认识和处理周围的信息世界，既不能对信息过于依赖而被信息绑架，也不能充耳不闻、固步自封。

信息检索理论篇

一、信息检索是什么

信息检索顾名思义就是把你想要知道的、了解的信息通过某种途径搜索出来。在百度词条中可以查到信息检索的释义：将信息按一定的方式组织起来，并根据信息用户的需要找出相关信息的过程和技术。前面我们已知信息无处不在，但并不是有信息的地方就可以进行信息检索。从概念来看，完成一次信息检索需要具备以下条件和步骤：①有信息的集合；②有用户的需求；③有检索的行为；④获取所需信息。

例如，我们第一次做清蒸鲈鱼时，不知道该用哪些配料、需要蒸多长时间等，便可以利用搜索引擎检索“清蒸鲈鱼 做法”，从“命中”结果中选择适合操作的一项，这就完成了一次信息检索的过程。其中，搜索引擎后台事先搜集好的大量的菜谱就是信息的存储；而我们作为用户想获知菜谱就是从自身需求出发；选择搜索工具、输入检索词则是实施检索行为；最后经过比较分析获知这道菜的做法是信息的提取。这其中，用户的需求和检索行为都是促成信息检索发生的充要条件，而信息的存储与提取才是信息检索的必要条件。

二、为什么要进行信息检索

信息检索作为一种实践活动由来已久，只是它常常隐匿在人们的具体活动之中而被忽略。比如我们可能没有意识到我们每天都做的出门查天气、出行查路线、吃饭查饭馆等行为其实就是信息检索，我们仅仅是没有以信息检索为这样的行为冠名而已。没有时时提及信息检索的概念并不代表我们不需要、不接触或者离得开信息检索。信息检索在我们的生活、学习和工作中的作用是举足轻重的。

1. 信息检索为生活带来方便

在网络和各种智能终端没有如此广泛运用的时候，人们获取生活信息的途径是非常有限的，无论是通过文献资料、以往经验还是语言传递的信息都会受到时间、空间和范围的限制。而如今的社会，我们可以足不出户随心所欲地获取所需信息，这就是网络信息检索带给我们的巨大方便。那些不确定、不知道、不明白的事情都可以通过信息检索得到解决，比如衣服如何搭配、食材如何挑选、房子如何装修、汽车如何选购等问题，我们通过信息检索不但不用求人，还可以获得更全面、更科学的指导。事实上信息检索正在成为人们生活中必不可少的一项技能。

例如，我们要去某地，犹豫是选择自驾还是选择公共交通。于是查询导航地图，发现目的地周边没有合适的停车场，然后选择公共交通。导航便给出了公交出行或是公交与地铁结合的出行方案，我们可以根据换乘是否方便、路程所需时间等需求选择适合自己的出行方式。再比如，我们要到外面吃饭，可以事先用手机定位一下周边有哪些饭店，确定好想去的饭店后，还可以查询一下该饭店有哪些招牌菜，是否有优惠等信息。这些都是信息检索为我们的生活带来方便的实例。

2. 信息检索有助于提高个人素质

“活到老，学到老”，人的一生都在进行学习。而一个人的知识获取主要来自于两种途径，在校期间接受的知识教育属于被动习得，校门外经过自己的努力学到的知识是主动获取。在学校教育都大同小异的时代，一个人的知识范围、认知层次、视野高度很大程度上取决于自身主动获取的能力，而主动获取最重要的途径之一就是信息检索。信息检索能让我们及时获取最前沿、最有效的信息，提高自我知识的更新能力，也能够提供给我们某一方面最系统、最全面的内容，延伸我们的学习深度和广度。

我们可以通过浏览专业网站，了解专业信息和行业动态，通过搜索引擎检索获知特定内容和系统知识；而各种免费的网络图书资源、视频资料、移动视听客户端、多媒体视听软件等更是为我们提供了足不出户了解世界、在家上名牌大学等提升个人素质的机会。例如，我们想学习英语，便可以按自身需求利用搜索引擎检索“英语学习 视频”“英语学习 网站”“英语学习 软件”“英语学习 图书”“英语学习 方法” “英语学习 APP” “英语学习 少儿”等，点一下鼠标即可获取海量英语学习资源。

3. 信息检索有助于提高效率

在信息爆炸的时代，海量信息不断地充斥着我们的大脑。我们对各式信息的需求虽然也越来越多，但相对于信息的增长速度可谓是九牛一毛，所以在面对太过复杂而且繁多的信息时，我们往往会感到无所适从。因此，我们需要运用信息检索的方法与技巧从信息海洋里找到自己需要的那“一滴水”。在掌握信息检索的方法和步骤后，我们可以以最快的速度、最好的途径找到所需要的信息。有效地利用这些信息，借鉴前人丰富的经验和成果，能使我们少走弯路，减少时间和精力的浪费，让我们有更多的时间投入到更需要的活动中，达到事半功倍的效果。

利用馆藏检索系统，我们只需几分钟便可在偌大的图书馆里找到所需图书；通过搜索旅游攻略，我们可以在出发前便做足功课，提前了解当地的景点及风土人情；而视频等多媒体信息的检索则能为我们提供更直观、更生动的视觉信息，让我们有身临其境的感觉。可以说，有了信息检索，我们的生活更加便捷了，效率也有了大幅的提升。

信息检索带给我们的益处绝不止以上所述，但这已经足以说明信息检索在我们的日常生活中是一件不可或缺的事。如果我们每个人都能树立信息检索意识、培养良好的信息素养，不但会使我们个人在生活、学习、工作等方面提高质量和效率，也将使整个社会更加进步。所以我们每个人都应该学会信息检索并积极应用到生活实践中。

三、信息检索的实现过程

图 2.1 信息检索系统工作流程

我们在明确了信息检索重要作用的同时，可能会想到为什么信息检索能有这么强大的功能？这些信息是怎么来的？为什么在一个简单的搜索框里输入词语之后就能返回这么多结果？而且还都是符合需要的呢？这里就需要引入信息检索得以实现的基础——信息检索系统。如图 2.1 所示，整个信息检索过程包括两部分：一是前期的对信息源的加工、组织、排序，并按一定规则存储于检索系统之中，这部分由检索系统的工作人员进行人工操作或计算机程序自动完成；二是信息需求者向检索系统提出检索要求，检索系统按照用户提供的关键词与自己数据库中的标识进行匹配，最终用户从返回的检索结果中提取所需信息，这部分由信息用户完成，也是我们日常所说的信息检索。

显而易见，信息检索系统是信息存储和信息获取的物质纽带，存储为检索提供基础，而检索正是存储的目的所在。那么，信息检索系统是如何对存储的信息进行标引？又是如何读懂信息用户需求的呢？要做到正确传递信息，完成供需匹配，需要做好以下三个环节。

（1）信息著录。主要指依据信息自身的特征对其进行加工，比如题名、著者、出处、关键词、内容特征等，并将这些字段提炼成可以替代该信息的词条。这里要存储的信息不仅包括原始文档数据，还包括图片、视频和音频等多媒体数据。首先要将这些原始信息进行计算机语言的转换，并将其存储在数据库中，否则无法进行机器识别。

（2）信息标引。即是对上述著录信息进行整序标引，将所有替代信息按其标识进行有规律的组织排列，形成可检索的信息源集合。

（3）信息匹配。用户根据意图输入查询请求后，检索系统根据用户的查询请求在数据库中搜索与检索词相关的信息，通过一定的匹配机制计算出信息的相似度大小，并按从大到小的顺序将信息转换输出。检索词描述得越具体，检索结果越精确。

四、信息检索的技术

同样都是检索网络资源，不同的人检索同一内容得到的结果却可能大相径庭。能否全面、准确、快速地检索到所需信息很大程度上取决于检索者的检索技术。以下我们就来介绍一下信息检索的基本技术。

（1）布尔检索：用布尔逻辑算符来表达检索词间的逻辑组配关系，是最基本、最常用的检索技术。

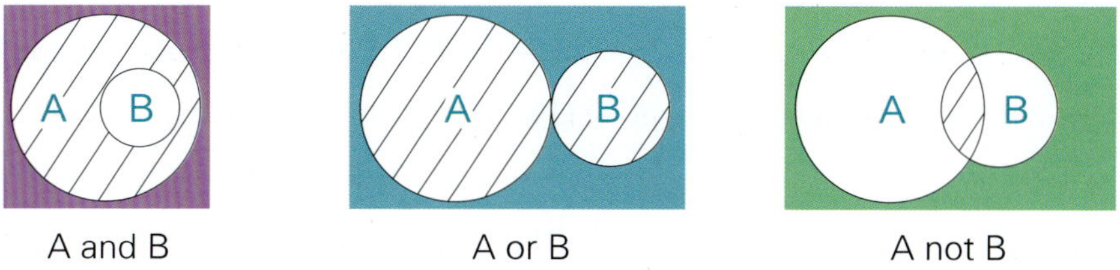

图 2.2 布尔检索

逻辑“与”（*，AND），如图 2.2 左图所示，检索式“A and B”表示文献中同时包含检索词 A 和检索词 B 的文献才是命中文献。表达检索词间的交叉关系，可缩小检索范围，提高查准率。如：查找“冒险类电脑游戏”的检索式为“电脑游戏 and 冒险”。通常在使用搜索引擎时我们可以用空格代替两个关键词间的逻辑“与”关系。

逻辑“或”（+，OR），如图 2.2 中图所示， 检索式“A or B”表示包含检索词 A 的文献，或者包含检索词 B 的文献，或者同时包含检索词 A 和 B 的文献为命中文献。表达检索词间的并列关系，可扩大检索范围，提高查全率。如：查找“肿瘤”的检索式为“癌症 or 瘤 or 肿瘤 or 新生物”。这一逻辑算符可以用来连接多个表示同意的检索词，可有效避免漏检。

逻辑“非”（–，NOT）， 如图 2.2 右图所示 ，检索式“A not B”表示包含检索词 A 同时不包含检索词 B 的文献为命中文献。表达检索词间的排除关系，可缩小检索范围，提高查准率。 如：查“动物的乙肝病毒（不要人类的）”的文献的检索式为“乙肝病毒 not 人类”。利用这个算符可以明确排除不需要的检索结果，可精确检索。

（2）截词检索：又称词干检索、模糊检索。检索时，只需用词干加截词符号，凡是含有与该词干相同的文献均能被检出。该方法能很好地避免漏检现象的出现。检索系统不同，截词符也不同，常用的有“#”“?”“*”等。按截断的位置来分，截词可有后截词、前截词、中截词三种类型。

后截词：将截词符放在词根后面，前方一致，是最常用的截词方式。主要用在词的单复数、年代、作者、查同根词等情况。如：王伟?（可查出所有名字中含“王伟”的作者的文献）；Social*（可代替 social, socialist, socialistic, sociality, socialization）。

前截词：将截词符放在词根的前面，后方一致。多见于复合词较多的文献检索，也可进行一个学科的不同应用领域的检索。如：? computer 表示 minicomputer，microcomputers 等，但有此功能的系统不多。

中间截词：将截词符置于检索词中间，词的前后方一致，又称“通用字符法”或“内嵌字符截断”。该方式能解决英美拼法不同单词的书写或有些词在某个元音位置上出现的单复数的不同拼写。如：wom?n（可代替 woman, women）；社会科学？发展（可代替社会科学的发展，社会科学研究的发展等）。

（3）位置检索：要求检索词以用户所规定的相对位置出现。使两个（或多个）检索词相连（可以此表示词组）或相邻，或同在一个字段或子字段中，从而使检索出的文献更确切地符合用户要求，提高查准率。不同的联机检索系统所使用的位置算符的种类和功能有时不完全相同，检索者需根据具体检索工具的规则进行使用。另外，位置算符多用在一些特定的数据库或者英文搜索中，我们日常的信息检索可只做简单了解即可。常用的位置算符有以下 4 种。

- （W）算符。（WITH）表示两个检索词紧挨着，词序不可颠倒，中间不得插入其他词、字母或代码，但允许有空格或标点符号，也可用（ ）表示。例如：High(w)Strength 可以检索到：High Strength 或 High_Strength。

- （nW）算符。（nWITH）表示两个检索词中间可插入 n 个词，但它们之间的顺序不可颠倒。

例如：H eat(1W)Combustion 可以检索到 Heat of Combustion。

- （N）算符。（NEAR）表示两个检索词必须相连，不得插入其他词，但词序可以颠倒。

例如：money(N)supply 可以检索到 money supply 或 supply money。

- （nN）算符。(nNEAR) 表示两个检索词中间可以插入 n 个词，且词序可以颠倒。

例如：number(2N)theory 可以检索到：number theory、theory of number 或 theory of the number 。

（4）限制检索：限制检索是缩小或约束检索结果的方法，主要是指限定字段检索，即指定检索词在记录中出现的字段。我们可以把检索词用双引号或书名号引起来，让检索系统将引号内的检索词作为一个整体进行匹配，如检索《手机》，则检索结果中会出现以“手机”为题名的电影、电视剧或是图书，而不会出现手机的品牌、价格等我们不需要的信息。我们也可以通过选择系统自身给出的限制检索字段，比如文件类型、发布时间、来源网站等进行限制检索，如搜索引擎提供的高级检索功能就设置了很多可以选择的字段来限制检索结果，使之更加精准地命中检索内容。

五、信息检索的方法

检索不同的信息使用的方法也是不同的。本书前面介绍信息时详细介绍了按照不同的标准，信息可以划分为多种不同类型，本书侧重于“互联网 +”环境下的信息检索，故将按照网络信息的资源类型将其分为网络一般信息和网络学术信息，并针对两类信息分别讲述获取该类信息的具体方法。

1. 网络一般信息的检索方法

（1）浏览法。信息以文字、文档、影音、视频、图片等多种形式广泛地存在于网络之中。如果仅以开拓视野、扩展知识面为目的进行网上冲浪，那么浏览法最合适不过。我们可以按照目录浏览、网站浏览、主题浏览等途径进行，通过浏览网页可以了解很多有用的信息。更有意义的是我们可以在浏览过程中发现我们之前不知道的新知识、新领域，就好像走在信息探险之路，随时都有可能遇到不一样的风景。

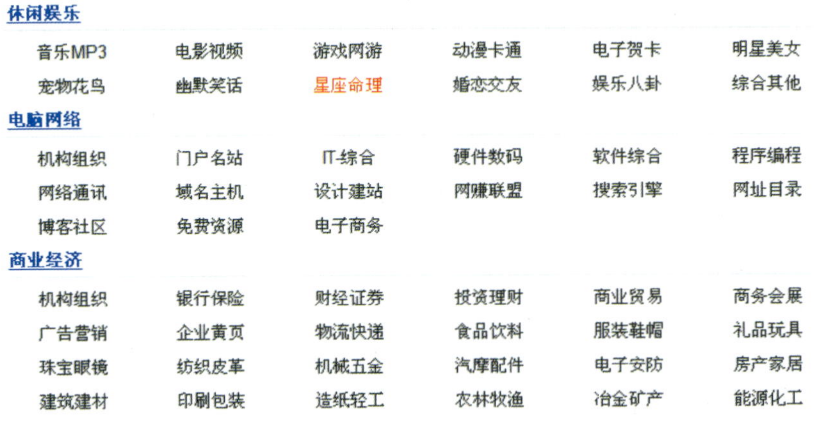

图 2.3 目录浏览

百度·贴吧	新浪·微博	搜狐·视频	腾 讯	凤凰网
京东商城	天 猫	苏宁易购	国美在线	唯品会
汽车之家	易车网	斗鱼TV	房天下	淘宝网
58同城	赶集网	1号店	携程旅行网	4399游戏

图 2.4 网站浏览

新闻	军事	文化	历史	读书	评论	体育	NBA	CBA	中超	高尔夫
时尚	健康	旅游	教育	出国	高考	母婴	美食	星座	公益	播客

图 2.5 主题浏览

（2）搜索法。搜索引擎的使用大大提高了信息检索的效率，在人们对某方面的信息有特定需求的情况下，利用搜索引擎可以更快捷、更准确地获取信息，大大节省了时间和精力，是“互联网 +”时代信息检索和获取的主要途径。目前，我们常用的搜索引擎有百度、搜狗、必应、360 搜索、搜搜、迅雷等，只需将关键词输入检索框即可，比如“毛衣编织 图样”“葡萄栽培 课程”等。本书后面还会有专门的篇章介绍搜索引擎的使用方法。

图 2.6 搜索引擎

查询专业网站。专业网站也叫行业网站，即所谓行业门户，包含为更多行业企业设计服务的大门、丰富的行业信息以及强大的搜索引擎。随着搜索引擎市场的发展，用户对搜索引擎的功能和其搜索内容的需求也变得更高，希望其能够提供更加专业、细致的信息服务。基于此，一些旅游搜索（去哪儿、携程、同程等）、地图搜索（Mapba、百度、高德等）、社区搜索(奇虎、大旗等)、房产搜索(房老大、房天下等)、比较购物搜索（比一比、大拿）、法律搜索（中国法律网、找法网、华律网等）等众多可以提供更多、更专业的信息并有搜索功能的门户网站应运而生，这些网站提供的行业可以满足我们对某一行业信息的更高需求。

2. 网络学术信息的检索方法

网上免费开放存取资源。开放存取是 20 世纪 90 年代在国外发展起来的一种新的出版模式，它依托网络技术，通过“免费阅读”的形式，促进学术交流，扫除学术障碍，任何人都可以及时、免费、不受任何限制地通过网络获取各类文献，包括经过同行评议过的期刊文章、参考文献、技术报告、学位论文等全文信息，用于科研教育及其他活动，从而促进科学信息的广泛传播、学术信息的交流与出版，提升科学研究的共利用程度，保障科学信息的长期保存。这是一种新的学术信息交流的方法，作者提交作品不期望得到直接的金钱回报，而是提供这些作品使公众可以在公共网络上使用。读者引用开放存取作品而生成新的学术成果，必须注明其来源。

目前，国内外有很多高校、科研机构及出版机构愿意加入开放存取的行列。如果我们有学术信息的需求，可以利用搜索引擎搜索“开放存取 网站”，获得很多开放存取网站的网址，再利用这些专门的资源平台检索所需信息就易如反掌了。

利用商业学术数据库。商业数据库指的是专门收录学术信息的盈利性数据收录系统。一般由专门的出版社或者数据集成商经营，用户使用其资源需要付出一定费用，一般是所在机构出资购买数据库整体或部分资源，供机构内用户使用，也可以是个人用户通过注册自行付费购买资源。

我国高校、科研机构、公共图书馆都购买了很多专门的商业数据库。这些数据库收录的文献范围有综合性的，如中国知网、万方数据等；也有专业性的，如库克音乐图书馆、中国艺术博物馆等。收录的信息格式有文本格式的，如汇雅电子书、国研网等；有视频、声像、图片等多媒体格式的，如超星学术视频、网上报告厅；也有课件、图表、题库格式的，如国家精品课程资源网、EPS 知识服务平台等。收录的文献类型涉及期刊、图书、报纸、工具书、专利、标准等各种出版形式。

对于商业类数据库的使用也许不能像免费网络资源一样随意获取全文，但是这些数据库的检索平台都是可以直接进行检索的，例如我们进入中国知网（www.cnki.net）的主网站，就可以在数据库内检索需要的信息。检索结果会以题录的形式列出，通过题录信息我们可以判断哪些是我们需要的信息，并以此为线索进一步寻找原文文献。如果我们需要集中查找很多学术资源，那我们可以到专门的有使用权限的机构，比如身边高校、公共图书馆，也可以到国家图书馆进行检索并下载文献。前不久国家图书馆就推出了电子资源免费远程访问的服务，用户只要持本人身份证，到国家图书馆开通账户，就可以在任何有网络的地方免费远程使用国家图书馆订购的数十种中外文电子资源，非常方便。国图电子资源链接为：http://dportal.nlc.cn:8332/zylb/zylb.htm。

高校的图书馆和稍具规模的公共图书馆都有丰富的电子资源，我们可以通过办理阅读卡等方式使用这些数据库资源。另外，网络中也有很多信息检索高手，他们掌握很多数据库的用户名和密码，必要时可以在网络平台、论坛、贴吧等发布文献求助，也许会得到意想不到的收获。

各类购书平台。目前各类售书网站，如当当网、卓越亚马逊、京东商城、淘宝网店、微店等比比皆是，这些平台除了有销售图书的功能外，其实也可以作为我们信息获取的来源，浏览购书网站其实就相当于我们在逛一个大型图书市场，一般成熟的网店都会有每本图书的内容介绍和实拍图片，我们点击查看就好似亲手在翻看每本图书。很多图书还提供试读部分，通过这些线索我们不但可以查找喜欢的图书资料，还能够浏览新的图书资源。如果我们已经想好要查找某方面的图书，售书网站又可以变成专门搜索图书资源的搜索引擎，可以快速帮我们查找所需图书。

各类学习软件、平台。在网络和信息没有这么发达的时候，人们谈到学习基本就是通过课堂教育和自我阅读等比较初级的渠道，遇到难题也只能问问周边的人，也有很多时候都是不了了之。现在利用网络及各种智能终端设备，我们随时随地都可以进行学习，通过各类学习的软件平台，我们可以翻转课堂，把“老师”带在身上，还可以随时与大洋彼岸的外人进行视频交流。而如此方便的软件也只需我们动动手指，在搜索引擎中输入所要学习的内容或者在手机上装一个应用即可实现。

想要获知这些学习网站，可以直接通过搜索引擎进行搜索，如“信息检索 课程”“Photoshop 教程”等。我们还可以了解一下目前比较流行的学习平台，如 IT 技能学习平台——慕课网（http://www.imooc.com/）、中国高校在线课程学习平台——中国大学 MOOC（http://www.icourse163.org/）、免费网络学习课程——学堂在线（http://

www.xuetangx.com/）、网络课程在线分享平台——百度传课（http://www.chuanke.com/）等，这些都是可以免费获取课程信息的网站。另外，我们还可以利用各搜索引擎的垂直学术搜索，如百度学术、必应学术、360 学术、搜狗学术等检索专业的中外文学术信息。

对于智能终端而言，学习类的应用除了与网站平台同步的产品外，还有很多专门针对手机等移动设备开发的软件，我们可以通过手机的"应用中心"进行搜索并下载安装。面对琳琅满目的学习软件，用户可以根据自己的需求和喜好选择适合自己的产品。

六、信息检索语言

图 2.7　信息检索语言

从用户角度来说，信息检索的过程即是检索者与信息检索系统进行沟通的过程。信息检索系统是按照信息的存储者事先设定好的标引语言执行检索命令，这种用来描述文献、组织文献记录、进行文献检索标识的系统就是检索语言。如图 2.7 所示，如检索者想要获取符合需求的信息就需要了解标引语言，而一个检索系统想要达到方便用户的目的也必须将自己的标引语言与用户的检索语言更加贴近。因为检索语言是检索系统存储与用户检索信息所使用的共同语言，它是标引人员与检索人员之间沟通思想、取得一致理解的桥梁，所以，检索语言实际上是标引和检索之间的约定语言。换句话说，如果信息的标引者与信息的检索者能够使用同一种约定语言，那么获取所需信息也便成了一件信手拈来的事情了。

1. 检索语言的类型

按照揭示和反映信息内外部特征的不同，检索语言可划分为以下几类。

分类检索语言：以数字、字母（或字母与数字结合）为检索标识，作为有关类目的代号。用分类号和相应的分类款目来表达各种概念，以学科体系为基础将各种概念按学科性质和逻辑层次结构进行分类和系统排序，能反映事物的从属派生关系，便于按学科门类进行族性检索。《中国图书馆图书分类法》（简称《中图法》）便是分类检索语言的代表之一，目前国内各高校及公共图书馆基本都采用此法排列图书，《中图法》将全部图书分为马列主义、毛泽东思想，哲学，社会科学，自然科学，综合性图书五大部类和22个基本大类，下图为其中社会科学总论C大类的部分小类。

表 2.1 《中图法》22 大类

分类	内容	分类	内容
A	马克思主义、列宁主义、毛泽东思想、邓小平理论	N	自然科学总论
B	哲学、宗教	O	数理科学和化学
C	社会科学总论	P	天文学、地球科学
D	政治、法律	Q	生物科学
E	军事	R	医药、卫生
F	经济	S	农业科学
G	文化、科学、教育、体育	T	工业技术
H	语言、文字	U	交通运输
I	文学	V	航空、航天
J	艺术	X	环境科学、安全科学
K	历史、地理	Z	综合性图书

表 2.2 《中图法》C 大类部分

分类	内容	分类	内容
C913	社会生活与社会问题	C913.5	青少年问题
C913.1	恋爱、家庭、婚姻	C913.6	中、老年人问题
C913.11	家庭、家族	C913.68	妇女问题
C913.13	婚姻	C913.69	残疾人问题
C913.14	两性问题	C913.7	社会福利、社会救济、社会保障
C913.15	生育	C913.8	社会病态
C913.2	职业	C913.9	其他社会问题
C913.3	生活与消费	C914	社会利益
C913.32	居住	C915	社会调查和社会分析
C913.33	交通	C916	社会工作、社会管理、社会规划
C913.4	生活日用品供应与消费	C919	分科社会学

主题语言：就是对表达信息主题内容特征的主题词汇概念，经规范化处理所形成的检索语言，分为标题词语言、叙词语言和关键词语言。其中标题词语言和叙词语言都是检索系统已经有规定的词表。用户需要了解检索系统并按照词表查询后再进行检索，多用于学术数据库检索，关键词语言则更贴近我们日常生活的自然语言，而且目前越来越多的检索系统更倾向于简化检索程序，因此关键词语言是我们平时获取信息的主要检索语言。它的工作原理是由计算机系统对所有信息进行处理，并对每个词在每篇文献中出现的频率进行统计，可以根据某一词出现的频率判断某信息与某一主题的相关程度。另外，由于关键词的检索可以对所有字段进行自由检索，在保证相关度的同时扩大了检索范围，有利于检索结果的准确。目前绝大多数检索系统都可以利用关键词进行检索。

名称语言：以人名、地名、机构名、篇名、书名等为检索标识。

代号语言：以文献特有的顺序号（如专利号、标准号、合同号等）为检索标识。如 CN201230533401.5 就是伊利牧场牛奶味炼乳包装杯的专利号，根据这个专利号便可以检索到该专利文献。

2. 检索语言的特征

检索语言是根据信息检索的需要而创制的人工语言，又称检索标识。能够唯一地表达各种概括文献信息内容的概念，能够显示概念之间的相互关系，并便于进行系统排列，便于将标引语言和检索用语进行相符性比较，需要具备以下特征。

能够充分反映信息的全部特征。信息的特征包括外部特征和内部特征。用一本图书举例，我们拿到书之后，在浏览内容之前能看到的一切信息均为图书的外部特征，比如书名、著者、ISBN 号、出版者、出版年、页码等；除此之外的跟图书内容相关的学科分类号、标题词、关键词等都属于内部特征。

检索语言需要具备系统性和全面性。这一点对于分类语言尤为重要，因为分类语言的设计需要便于族性检索，要求必须能反映整个类别的特征才能做到。

检索语言形式灵活。从我们的检索实践过程中不难体会，检索语言既可以是规范化的分类体系，也可以是我们平时所用的自然语言。在检索过程中，用户使用的检索词即检索语言，应该尽量与该检索系统在前期标引时使用的语言一致，这样才能达到良好的检索效果。

七、信息检索效果的评价方法

检索效果是指检索系统检索的有效程度，对检索效果的评价可以有效评估检索系统的功能及效率。评价检索效果的指标共有六项（如下图），包括：收录范围、查全率、查准率、响应时间、用户负担及输出形式。

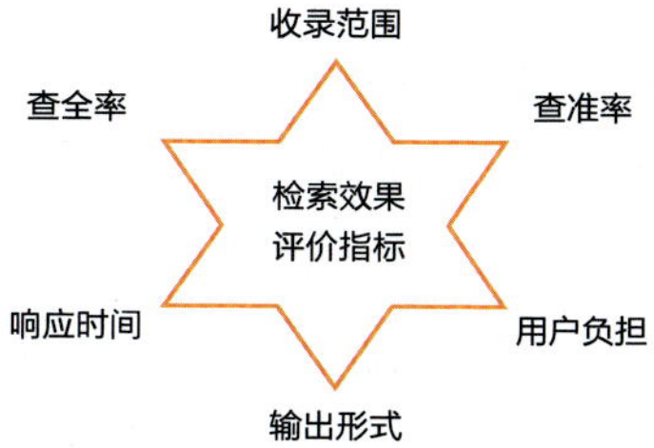

图 2.8　检索效果评价指标

其中两个主要的衡量指标是查全率和查准率。查全率指检出的相关文献量与检索系统中相关文献总量的比率，反映检索结果的全面性。为了提高查全率，我们可以采取如下策略：①使用“全文”等低相关度的检索途径进行检索；②使用同、近义词（or）；③使用“模糊检索”和“截词检索”；④利用文献后所附“参考文献”进行检索。查准率指检出的相关文献量与检出文献总量的比率，反应了检索结果的准确性。提高查准率的方法如下：①使用高相关度的检索入口；②使用限制检索，如限定网站、限定文献类型等；③反复使用二次检索（and）；④使用“精确检索”。不难发现，这两个指标是成反比关系的，故而系统如果要提供检索精确全面的检索结果，必须在查全率和查准率两者之间追求平衡。

信息无处不在的特征及其通过网络爆炸式传播的途径，使得信息检索应运而生，我们需要的信息越多就越依赖信息检索。可以毫不夸张地说，在当今及未来社会，一个人的信息检索意识和检索能力的水平可以直接影响其发展之路的宽度和广度。一个国家、民族对信息检索意识和能力的重视和培养是提高全民素质和增强国力的重要途径。因此，信息检索意识、方法和能力的普及应该从每个人做起，从日常生活做起。

信息检索工具篇

一、搜索引擎的概述

1. 什么是搜索引擎

网络信息可谓是浩如烟海，一个人想单凭挨个网站逐一查找，去获取整个网络中某方面的信息，就好比大海捞针，时间和精力耗尽也未必能得到满意的结果。而搜索引擎就可以很好地解决这一问题。作为日常信息检索的最常用工具，搜索引擎其实就是一个存储信息和提供检索的系统。对于搜索引擎的定义我们可以从用户和系统两个方面理解。对于用户来说，搜索引擎包含两个组成部分：一是可以输入检索要求的检索框，二是最终提供检索结果的网页页面。对于后台系统的操作，搜索引擎完成检索也需要进行两个步骤。一是指利用人工（早期阶段）或计算机程序（蜘蛛、爬虫、机器人等）抓取网络上的各种页面信息，对其进行索引并存储于相应的数据库中；二是把接收的用户需求与已经建立的信息数据库进行匹配，经过相关度高低排序、去除重复等判断之后，将处理结果展示给用户。

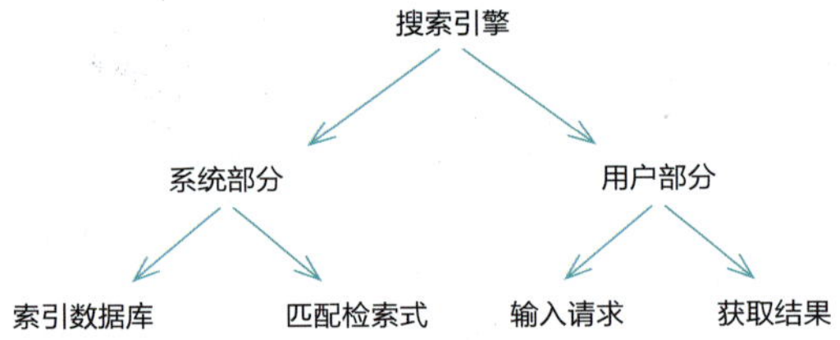

图 3.1　搜索引擎的构成

2. 搜索引擎的类型

搜索引擎按照用户进行搜索的方式划分，有全文搜索引擎、目录索引搜索引擎、元搜索引擎、集合式搜索引擎。

全文搜索引擎是最主流的搜索引擎，也是时下使用率最高的检索工具。我们熟知的百度、有道、必应、搜狗、谷粉搜搜等都是典型的全文搜索引擎。它们从互联网提取各个网站的信息并建立起数据库，能检索与用户查询条件相匹配的记录，按一定的排列顺序返回结果。全文搜索引擎的信息库来源于程序自动获取，系统的智能化程度和用户的熟练程度都会影响检索结果的精确与否。用户对全文搜索引擎的使用就好似我们在利用拼音或偏旁部首查字典一样，只需提供一定线索，甚至不用手动翻页就可获知答案。

目录索引是按目录分类的网站链接列表，也可以提供检索功能。但严格来说，其与真正意义上的搜索引擎还是有些差异的。新浪、雅虎、搜狐、中搜等都是提供分类目录索引的，用户可以仅靠浏览和点选分类目录找到需要的信息。由于索引条件比较严格抑或会有人工干预，这类搜索的特点就是分类精确、体系完整。另外，用户在浏览目录时可能会有意外收获，就好像在浏览一整架图书时，除了找到想要的书，还会发现一些原本不知道的书。

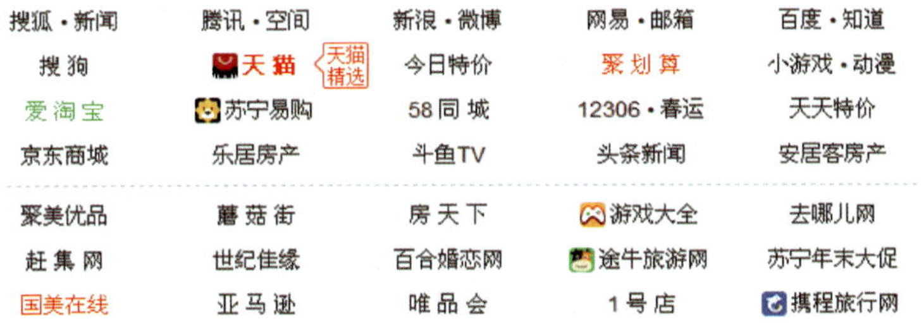

图 3.2　网站目录搜索引擎

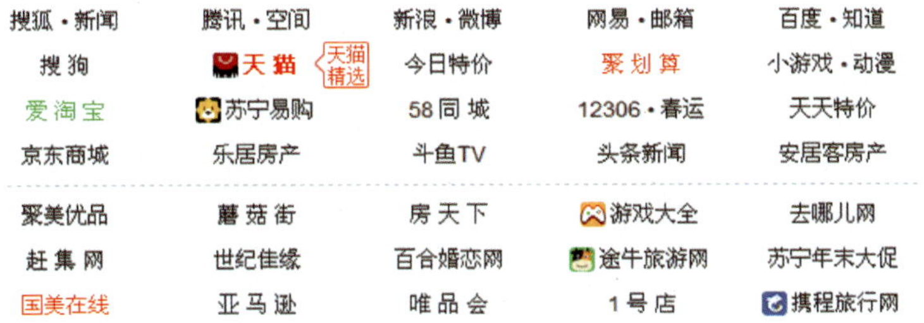

图 3.3　栏目目录搜索引擎

元搜索引擎可以称为搜索引擎的搜索引擎，检索界面与单一搜索引擎并无太大差异。其原理是系统在接受到用户的检索请求后，运用数据库选择技术、文本选择技术、查询分派技术和结果综合技术等同时在多个搜索引擎内搜索，并将结果返回给用户。元搜索引擎是为弥补传统搜索引擎的不足而出现的一种辅助检索工具，随着单个搜索引擎规模和个性化功能的不断强大，这种搜索工具应该不会成为日后信息检索发展的方向。目前中文的元搜索引擎发展不是很好，之前的360搜索，作为整合了百度和谷歌资源的元搜索引擎代表，也随着谷歌退出中国大陆及与百度的一系列攻防事件做出了与其他各网站平台合作的调整。经检索证实之前的几个比较著名的中文元搜索引擎网站也都显示无法打开。

集合式搜索引擎是指在页面上列出多个搜索引擎入口，但在执行检索命令时并非像元搜索引擎那样同时调用多个搜索引擎进行搜索，而是由用户从网站提供的若干搜索引擎中选择，如“搜索引擎大全（http://www.qqkk8.net/）”提供了百度、搜狗、谷歌、360等搜索引擎的入口，用户可以不用挨个输入搜索引擎的网址，只需选择其一即可。类似的集合式搜索引擎还有365搜索大全、有道搜索引擎大全等。

图 3.4　搜索引擎大全

图 3.5　集合式搜索引擎

搜索引擎按照收录内容范围划分，可以分为综合搜索引擎和垂直搜索引擎。

综合搜索引擎也称通用搜索引擎，提供各种领域、各种形式信息的综合搜索功能。一般情况下，我们使用的界面简单，只需在一个检索框中输入检索词即可的都是综合搜索引擎，这类搜索引擎收录和可检索的信息具有全面性、广泛性等特点。

图 3.6　综合搜索引擎

垂直搜索引擎的概念也许不是我们所熟知的，但是提起旅游、网购、餐饮类的网站我们应该都不陌生。专门的法律、保健、汽车、工作、房产、交友等网站也都是我们常常使用的，像这类针对某一个行业或专题的专业搜索引擎就是垂直搜索引擎。相对于综合搜索引擎，专业搜索引擎更有针对性，所提供的信息也更加完整、专业和准确。

中文搜索引擎	音乐搜索引擎	微信搜索引擎
电影搜索引擎	视频搜索引擎	微博搜索引擎
地图搜索引擎	网盘搜索引擎	购物搜索引擎
图片搜索引擎	生活搜索引擎	旅游搜索引擎
知识搜索引擎	新闻搜索引擎	儿童搜索引擎
文档搜索引擎	人物搜索引擎	人肉搜索引擎
游戏搜索引擎	职位搜索引擎	繁体搜索引擎
软件搜索引擎	学术搜索引擎	英文搜索引擎
手机搜索引擎	图书搜索引擎	欧洲搜索引擎
法律搜索引擎	房产搜索引擎	日本搜索引擎
盲人搜索引擎	FTP搜索引擎	韩国搜索引擎
博客搜索引擎	大学搜索引擎	汽车搜索引擎
语音搜索引擎	农业搜索引擎	公交搜索引擎

图 3.7 垂直搜索引擎

3. 搜索引擎带来的利与弊

在网络普及、信息爆炸和智能设备随手可用的今天，搜索引擎已经发展到了老幼皆知的程度。通过简单的一键式检索便可检索到网络上浩瀚的信息资源，使我们的生活越来越便利、头脑越来越充实、效率越来越高，搜索引擎的利用可以说是信息检索史上最重要的里程碑。它以简单的界面、简易的操作把信息检索更深入地带到人们的生活中，使信息获取变得异常快捷便利，主要体现在如下几个方面。

搜索信息的丰富性。搜索引擎可以检索的信息可谓是无所不能的。它收集信息的范围、种类、速度和数量都是人工无法企及的。利用搜索引擎检索就相当于对整个网络进行检索，是最有效率的信息检索工具之一。

搜索信息的专业性。除了综合类的搜索引擎，还有很多专业的搜索引擎，分别按行业领域、信息类型等不同内容建立专业网站，如旅游网站、餐饮网站、法律网站、购物网站等，可以提供某一领域更专业的信息和内容。

搜索信息的便利性。无需具备专业的检索技巧，只要输入自然语言便可轻松获取生活、工作、休闲等方方面面的信息，随手一点便可以足不出户地对万事了如指掌，没有任何一个信息收录系统可以做到搜索引擎的全面、快捷和便利。

正是由于搜索引擎的以上优势，人们才越来越离不开它，可以肯定的是，遇到问题想到利用搜索引擎进行信息检索是信息意识的提高，信息素养的提升。但是，凡事过犹不及，对搜索引擎的过度依赖也会有以下的弊端。

（1）养成懒惰习气。丰富的网络资源和获取的自由便捷给我们生活带来好处的同时也会造成人们懒于动脑筋、万事上网搜的状况，离开搜索引擎思维便陷入停滞，长此以往思维甚至会退化，这对我们是没有好处的。

（2）带来抄袭之风。通过搜索引擎可以很轻易地获取别人的经验、发明、科研成果等信息，这些信息如果被学习、借鉴或者是引用都是无可厚非的，但是如果有人不付出劳动直接抄袭便是一种窃取的行为。

（3）传播虚假信息。靠计算机程序在网络上收集的信息并非都是真实可靠的，很多信息都经过个人的加工、改编甚至是捏造的，所以在检索信息的同时还要认真辨别检索结果的真伪性。

（4）造成信息泄露。所谓“网上留痕”，就是说只要是在网络上出现过的信息就会产生痕迹，无论时间、空间如何变换，即使是做了删除也无法完全抹除，我们经常听说的“密码被盗”“人肉搜索”等就是信息泄露的事例，所以经常上网的人一定要注意对个人隐私的保护。

总之，搜索引擎的发明是为了方便用户利用信息检索获取所需信息，并将信息合理地为己所用。我们一定要发挥搜索引擎的积极作用，而不是让它成为取代大脑、抄袭他人、传播谣言、非法侦查的手段和工具。

4. 搜索引擎的工作原理

我们知道，搜索引擎就是一种信息检索系统，所以信息的存储和检索就是搜索引擎的全部工作。下面我们就从这两方面看看它具体是怎样完成检索任务的。

信息存储

信息存储的目的是为了信息检索，因此必须按照利于检索的规则加工、整理收集来的信息，即标引有用的信息，丢弃无用信息和重复信息，然后归类并建立索引数据库。具体步骤可以参见下图。

图 3.8　搜索引擎工作原理（1）

第一步，爬行和抓取。我们说利用搜索引擎检索就相当于在整个网络中进行检索，这种说法虽有一定的夸张性，但是也不无道理。因为搜索引擎对信息的收集是通过制订好的程序（通常称为蜘蛛、爬虫或机器人）抓取网页信息，这些爬虫可以通过互联网上的外链从一个网站爬到另一个网站，访问更多的网页，只要网页链接畅通，搜索引擎都可以抓取数据，而且搜索引擎抓取的页面文件与用户浏览器看到的结果是完全一样的。

第二步，标引和归类。网络信息数量巨大、形式多样，蜘蛛抓取的页面信息必须按照文字内容、文件格式、标题、日期、关键词出现的位置、频次等类目进行解析和标引，并形成巨大的表格存储于索引数据库之中，数据标引的准确和详细程度决定了检索结果的检全率和检准率的高低。

信息检索

信息检索要由用户先提出检索请求，再由检索系统在索引数据库中进行匹配和排序，然后将结果返回给用户。

图 3.8　搜索引擎工作原理（2）

第一步，提出检索请求。用户按照自己的信息需求制订检索式并输入检索框中便是向系统提出检索请求，检索式是用户与检索系统沟通的语言，检索结果能否满足要求除了系统自身原因外基本取决于检索语言描述是否清晰合理。

第二步，检索请求处理。搜索引擎程序在接受用户的检索请求之后，即对搜索词进行处理（如中文特有的分词处理、去除停止词、判断是否需要启动整合搜索、判断是否有拼写错误或错别字等情况），确认好有效搜索词之后搜索引擎程序便开始从索引数据库中匹配所有包含搜索词的网页，并且根据出现频次、点击频次等排名算法计算出网页排列顺序，然后按照一定格式返回到“搜索结果”页面。

所谓“百密一疏”，再好的搜索引擎也无法做到完美无缺，所以搜索引擎也需要经常进行优化。另外，不同的搜索引擎侧重的功能也不完全一样，我们可以试着使用不同的搜索引擎解决不同的检索需求。需要注意的是，搜索引擎的信息来源主要是网络信息，它只是负责抓取和提供网页信息，并不能保证所返回信息的权威性、真实性等，所以人们在利用搜索引擎检索信息时还需要自行判断信息的可靠与否。

5. 搜索引擎的评价标准

搜索引擎的蓬勃发展和广泛应用促进了人们关注对搜索引擎功能进行评价的标准，简单来说，就是判断一个搜索引擎的工作效率高低的指标。结合信息检索评价及搜索引擎的实际使用情况，对搜索引擎的评价主要有以下几方面。

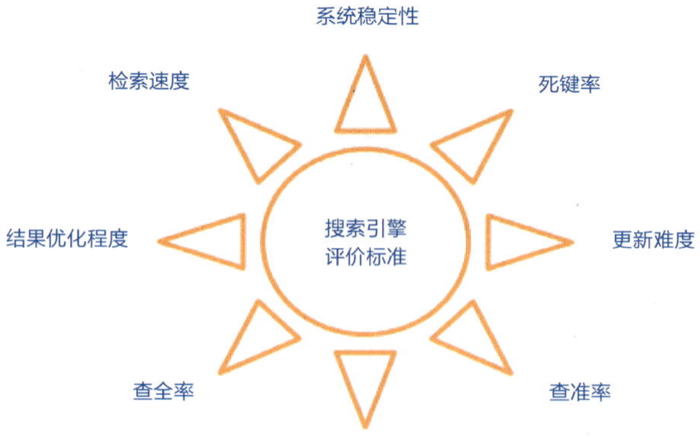

图 3.9 搜索引擎评价标准

系统的稳定性。再多的功能、再精确的检索结果，如果界面经常打不开都会随之归零，久而久之用户也会转向使用其他检索系统。

检索的速度。搜索引擎的检索速度指的是系统程序对关键词进行优化、与索引数据库数据匹配及返回结果的速度，如果这一过程过长，即便是搜索范围很全面也是没有优势可言的。

死链率及更新速度。经常会发现有一些搜索结果是点不进去的，这是因为源网页信息已经发生变化，针对这一现象虽然大部分搜索引擎都提供了“网页快照”功能，但也证明搜索引擎对这类已经变化的数据更新不及时，如果更新速度不够快，那么搜索引擎所检索出来的信息很可能已经是过期的。

结果优化程度。搜索引擎返回的结果是否与用户需求有高相关度，重复的结果是否已经自动过滤是搜索引擎给用户的直接印象，也决定了用户的检索感受。

查全率和查准率。这两点是从系统角度进行评价的，搜索引擎的搜索范围和搜索结果的准确程度是对搜索引擎最有力的评价标准，通常来说，查全率和查准率是成反比的，能否做到二者的最佳平衡主要取决于系统程序设置是否合理，即抓取数据是否全面、准确，索引词和检索步骤是否更人性化。

二、搜索引擎的使用方法

搜索引擎的发明、使用和不断优化给人们带来了极大的方便，但并不是我们的每一次检索都能获取最满意的答案，不同的人针对同一主题进行检索时也会因为个人制订的检索策略不同而导致结果差异。查询不到需要的信息或是返回的无用信息太多等情况多半并不是因为搜索引擎不好用，而是因为检索方法不当。这就需要我们进一步了解和掌握搜索引擎的具体使用方法，以达到熟练地驾驭它并使之为我们提供更多有用的信息。

目录索引类搜索引擎的使用方法比较简单，一般只需用户点击相应的类目，然后层层深入便可获取信息，这里我们将以关键词为搜索入口，各搜索引擎基本上都通用的查询方法介绍如下。

（1）正确提炼关键词。关键词即我们常说的检索式、检索词，也是我们输入检索框与搜索引擎进行沟通的唯一途径。一般情况下，关键词只需用我们的自然语言描述即可，如果有特殊要求，也可以使用检索运算符和设置检索参数来限定检索词之间的关系和检索结果的范围。检索词选取的越具体越精炼，得到的检索结果越精确，比如我们想下载一款视频剪辑软件“会声会影”，那么我们来比较一下在百度中分别输入以下检索式及查询到的结果：

“会声会影”，检索结果为 9 690 000 条；

“会声会影 下载”，检索结果为 1 700 000 条；

“会声会影 下载 中文版”，检索结果为 1 180 000 条；

“会声会影 破解版 下载”检索结果为 934 000 条。

以上的检索结果条数即可印证关键词的选取直接决定检索结果的精确程度。我们当然不可能把返回的上百万条结果都一一查看，所以当你想让搜索引擎明白你的意图，把最需要的信息排列在最前面就必须学会跟系统沟通：①只是想一般了解某一内容时可以直接输入这个名词，为了更加全面也可以将检索词的同义词一同输入，中间用“OR”连接；②当有具体下载要求，比如需要限定检索结果的版本、时限、类型等则需要明确提出；③如果用户有一个以上的检索词，应该将多个检索词并列，中间用空格隔开。总之，关键字的选取原则是：精炼、准确、通俗易懂、符合表达习惯。

（2）排除无用信息。检索结果中如果出现我们不需要的某类信息，可以在此类信息的关键词前面使用减号，也就意味着在查询结果中不再出现该关键词。例如，我们想检索一些电脑游戏但是不要网络游戏，我们就可以输入“电脑游戏 - 网络游戏”，检索结果如下图所示。

图 3.10 检索非网络游戏的电脑游戏

（3）保持整体检索。为了满足用户需要让检索词作为一个不可分割的整体在数据库中进行检索，我们可以给要查询的关键词加上双引号（“ ”），这种方法要求查询结果要精确匹配，不包括演变形式，可以实现精确的查询。例如我们输入“2008 年北京奥运会”，意味着我们只要这些关键词以规定的顺序整体出现在检索结果中，单独的“北京奥运”“2008 奥运”“2008 北京奥运”都不会出现在结果之中。

（4）限定检索结果类型。我们在检索框中输入“苹果”二字，系统则会在索引数据库中匹配，并将所有含有“苹果”字段的信息反馈回来，包括作为水果的苹果、作为手机品牌的苹果以及作为电影题名的苹果，界面如下图所示。面对此种情况我们需要进一步修饰检索词，限定检索结果，比如输入“《苹果》”，返回结果基本限定在同名电影或图书范畴，输入“苹果 apple”，返回结果全部都是跟苹果品牌相关的电子产品，输入“水果苹果”才出现我们作为食品的苹果。

图 3.11 “苹果”的检索结果

（5）巧用通配符号。通配符包括星号（*）井号（#）和问号（?）等，不同的搜索引擎认可的符号略有不同，这一检索方法主要运用于对检索词不是很确定或者同一检索词可能有多种名称的情况，比如我们输入“王 * 华”，便可以检索到王伟华、王丽华、王嘉华等结果，再比如我们输入“社会主义 ## 价值观”，便可以获得社会主义核心价值观、社会主义价值观与我的价值观、社会价值观等结果，再根据我们所知的其他信息便可判断哪条结果是我们要寻找的信息，通配符检索实际上是一种模糊检索，可以扩大我们的检索范围。

（6）同义词检索。很多名词都有不止一个称谓，比如电脑又可以叫计算机、笔记本、平板、computer 等，如果在检索时只输入一个检索词势必会造成漏检，故而我们需要将多个检索词用“OR”（需要大写）连接起来，目的是只要含有检索词中的其中一个便会作为检索结果反馈回来，比如我们输入“餐饮 OR 美食 OR 饭店”，那么系统数据库中含有其中任意一个关键词的检索结果都会被命中出来。

（7）多词同时检索。只检索一个关键词与同时检索两个或多个关键词的检索结果肯定是不同的，利用“AND”或者“+”连接多个关键词就起到了使多个关键词同时出现在命中结果当中的作用，比如，我们输入“计算机 AND 图书”就表示命中结果中必须同时含有计算机和图书两个关键词，而这可以大大精确检索结果的范围。

（8）利用系统高级检索。大多数的检索系统都提供“高级检索”功能。下图为百度的高级检索页面，主要提供对关键词的各种限制字段以及检索结果的时间、格式、关键词位置、搜索网站等选项，检索者不需要掌握太多专业的检索技巧，只需按照自己的需求输入或者选择相应字段即可。

图 3.12 百度的高级搜索页面

需要注意的是“高级检索”不同于“搜索设置”，下图为百度“搜索设置”页面，与上图对比不难发现，搜索设置仅是对搜索结果形式上的限定，而“高级搜索”是对搜索结果内容、类型、来源上的限定。

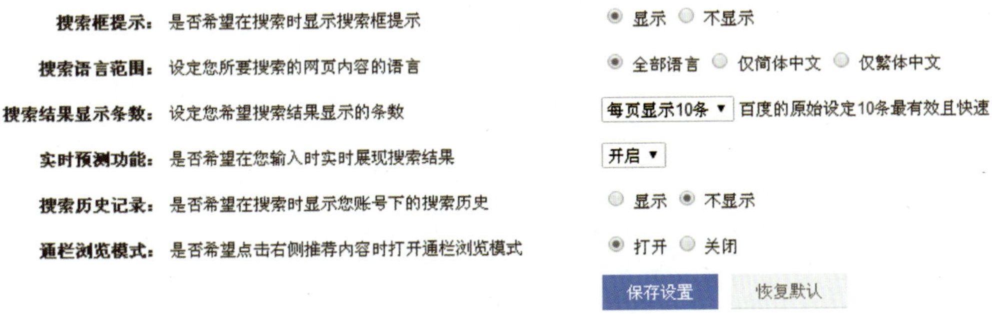

图 3.13 百度的搜索设置页面

（9）限定检索文件类型。如果我们想检索图书、课件、报表等类型的信息，直接在检索框中输入检索词可能会得到很多不相关的信息。经过分析我们得出这类信息一般会以 PDF、PPT、XLS、DOC、TXT 等文件类型存储于网络中，所以我们可以利用参数“filetype（文献类型）”将检索结果限定为只查询特定类型的文件，其输入格式为：“关键词 filetype: xxxx(文件类型)”或者“filetype: xxxx(文件类型)关键词”。可检索的文件类型除上述提到外还包括 rtf、swf、kmz、kml、ps、def。我们以查询与“信息检索”相关的课件为例。

直接输入“信息检索”，搜索结果界面如图 3.14 所示。

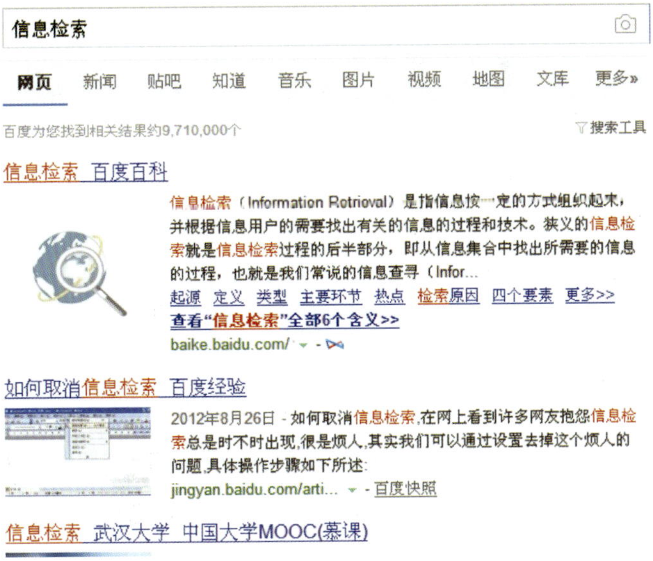

图 3.14 “信息检索”检索结果

输入"信息检索 filetype：PPT"即是要检索所有以 PPT 格式存储于网络之中的信息检索相关的内容，检索结果见图 3.15。

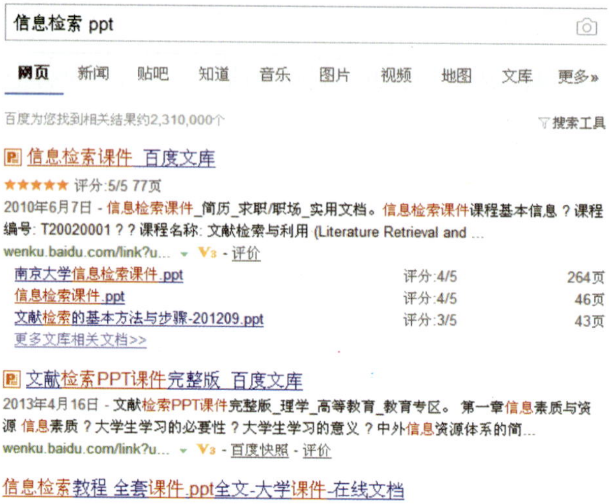

图 3.15 "信息检索 filetype:ppt"检索结果

对比一下，如果我们不用这个参数，在百度中输入"信息检索 PPT"，那么检索范围应该是全部网页和文件中与"信息检索"和"PPT"这两个关键词相关的信息，检索结果见图 3.16。其中的"PPT"只是作为关键词的一部分，而不是作为文献类型的限定，因此很容易看出检索结果在相关度方面的差异。

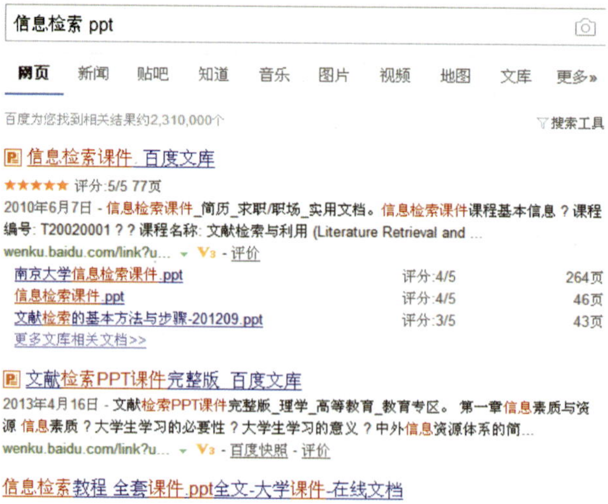

图 3.16 "信息检索 PPT"检索结果

（10）在网页地址中检索。网页地址简称网址，英文名称是 URL，顾名思义就是网页的家，是我们上网时在浏览器地址栏里显示的内容，它可以指出文件的位置以及浏览器应该怎么处理它。任何网站的 url 的设置都是有一定用意的，很多地方 url 链接和网页内容都有着密切的关联，且每一个网页都具有唯一的名称标识，所以可以利用这种相关性来缩小检索范围，快速准确地找到所需信息。使用格式是：“inurl:xxx”或“inurl:xxx 关键词”或“关键词 inurl:xxx”（xxx 可以是任何字符）。

如果我们要检索具有共同特点的某一类信息可以使用这一参数。我们来观察一下以下网址（URL）：

腾讯电影：http://v.qq.com/movie/

乐视电影：http://movie.le.com/

优酷电影：http://movie.youku.com/

搜狐电影：http://tv.sohu.com/movie/

百度电影：http://v.baidu.com/movie

土豆电影：http://movie.tudou.com/

PPTV 电影：http://movie.pptv.com/

迅雷看看：http://movie.kankan.com/

爱奇艺电影：http://www.iqiyi.com/dianying/

搜狗电影：http://kan.sogou.com/dianying/

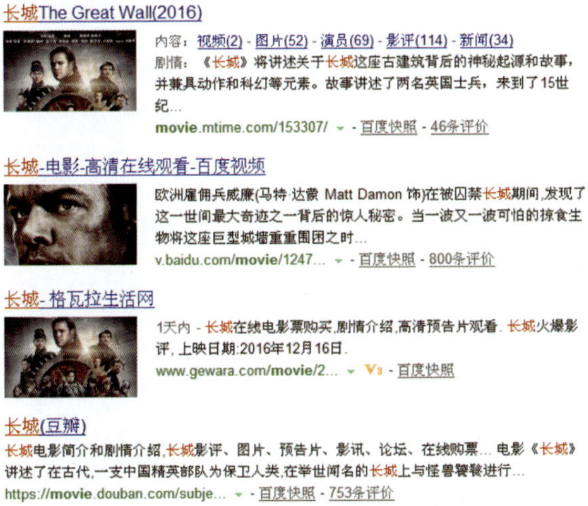

图 3.17 “长城 inurl:movie”的检索结果页面

通过观察我们看到，凡是电影类的网址（URL）中都有共同的跟电影相关的字符，如 movie、dianying 等。这样我们想查询电影时如果只限定在这类网站中检索，那么检索结果一定都是跟电影相关的信息，而不会出现无用的网页信息。图 3.17 为“长城 inurl:movie”的检索结果页面，全部都是与电影《长城》相关的信息。

若想熟练地使用网址检索，需要我们在上网的时候注意观察网页的URL，总结出某类资源URL中的共同特点，搜索时用上INURL，就可以缩小搜索范围，迅速地找到结果。一般来说，常用资源的URL有以下字符：

书籍下载的url：book、ebook、shu、shuji、tushu……

论坛方面的url：bbs、forum、boke、weibo……

音乐方面的url: music、yinyue、mp3、midi……

软件相关的url: soft、software、ruanjian……

新闻相关的url： news、xinwen、xw……

体育相关的url： sports、tiyu……

例如“早教 inurl:weibo”是在检索微博中与早教相关的看法和观点，而“雾霾 inurl:news”是想知道关于雾霾在新闻中的报道情况。

如果我们需要检索单个信息也可以使用INURL这一参数。对于这样的信息我们可以从英文名、拼音、缩写、首字母组合等方面进行尝试。比如我们输入“inurl:sanguoyanyi”便可以检索到三国演义的图书、动画、游戏等跟三国演义相关的内容。

另外，如果想在网址里搜索多个关键词，我们可以使用“allinurl: xxx”语法。例如“allinurl: etc/passwd”会搜索网址里含有etc和passwd的网页。

（11）在固定网站中检索。每个网站的信息量都是很巨大的，如果我们只需要在指定的网站查找信息该怎么办呢？这时我们可以使用site指令完成检索，其输入格式为“关键词 site：xxxx(域名)”或者“site：xxxx(域名)关键词”。它的作用是可以限制只搜索某个具体网站、网站频道或某域名内的网页。有时我们看到了某条信息后只记得大概内容，当想再次确定内容时却怎么也找不到了，这时只要我们记得当初浏览的网站，便可以使用site指令很快搜索到这条信息。比如“甲状腺超声报告 site:health.sohu.com”这一检索式即是限定只在搜狐健康频道内查找跟甲状腺超声报告相关的信息，查询结果页面见图3.18。

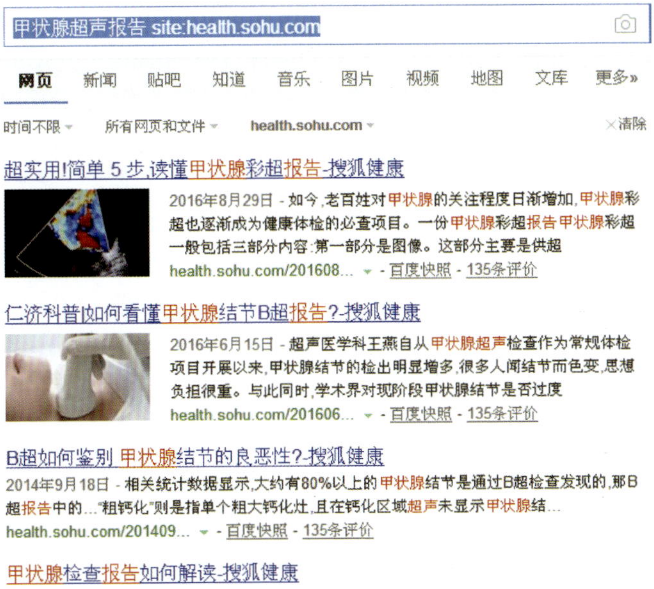

图 3.18 “甲状腺超声报告 site:health.sohu.com”检索结果

再比如，我们想在百度音乐中检索歌曲《顺其自然》的下载路径，那么可以输入检索式“顺其自然 下载 site:music.baidu.com”，结果页面如图 3.19 所示。

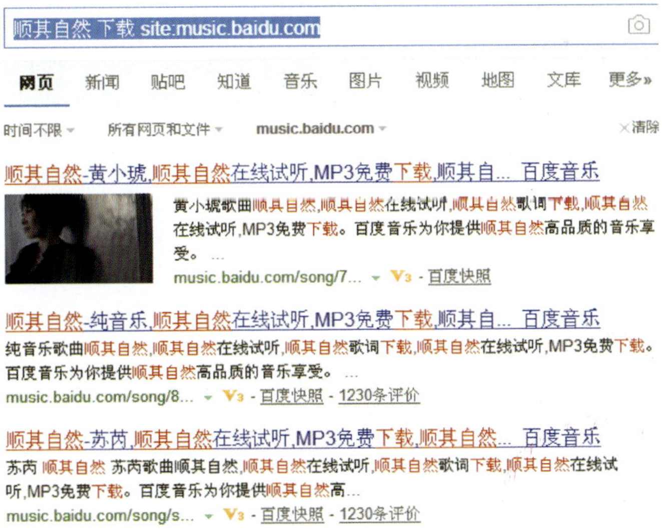

图 3.19 “顺其自然 下载 site:music.baidu.com”结果页面

需要注意的是，使用这一指令时我们先要明确什么是域名。以我们最常用的搜索引擎百度为例，百度的网址（URL）为 https://www.baidu.com/，域名为 baidu.com，而 music.baidu.com 是收录音乐部分的子域名。比如输入“两学一做 site: edu.cn”我们可以检索“两学一做”在各个教育机构的相关信息，更可以输入“两学一做 site:tsinghua.edu.cn”具体检索到 “两学一做”在清华大学的实行情况。

（12）在网页标题中检索。我们在浏览网站时每个网页最上方蓝色部分的文字就是网页的标题，如图 3.20。网页的标题是一个网页内容的提炼和概括，所以对网页标题的检索会使检索结果更加精确。

图 3.20　网页标题

在网页标题(title)中进行检索需要用到 intitle 的指令，具体格式为“intitle: 关键词”或者“关键词 intitle: 关键词”。如果有两个及以上关键词，那就用“allintitle: 关键词 1 关键词 2”。我们可以比较一下“西兰花 intitle: 菜谱”“菜谱 intitle: 西兰花”“allintitle: 西兰花 菜谱”这三个检索策略的检索结果有什么不同。

图 3.21　“西兰花 intitle: 菜谱”检索结果

图 3.22 “菜谱 intitle: 西兰花”检索结果

图 3.23 “allintitle: 西兰花 菜谱”检索结果

先分析一下我们的检索词。西兰花是一种蔬菜，在所有以菜谱为题名的网页之中应该是可以找到西兰花的做法的，所以我们把检索范围限定在以菜谱为题名的网页中；但是想想菜谱里除了有西兰花的做法，还会有成千上万种别的食材的做法，想要获取信息还需要再次进行查找，这也是检索式 1 的结果不尽如人意的原因。如果直接查找题名为西兰花的网页，且限定是跟菜谱相关的内容，应该就能表达检索要求，故检索式 2 返回了比较令人满意的结果。笔者又试用了检索式 3，即检索网页标题同时含有西兰花和菜谱的内容，得到的检索结果从 10 万余个精确到 110 个，明显优化于前两者。在这一实例中，我们运用了同样的检索词，甚至是同样的检索指令，证明不同的检索策略能够产生如此大的结果差异，证明了检索策略制订的合理与否的确起着至关重要的作用，也再一次提醒我们重视检索方法的学习和运用。

（13）利用系统的智能搜索。目前搜索引擎也越来越智能化，它可以记住用户的搜索历史，并根据个人的搜索习惯推送最近关注的内容。所以我们会很惊奇地发现无论我们是在哪个网站进行过检索，在我们当前的上网页面都会有类似的信息推送，可能是我们需要购买的商品，也可能是我们关注的某个话题等。

经常使用搜索引擎的用户会发现，每次在检索结果页面的下方会有“相关搜索”一栏。下面会列出很多跟你的搜索词相关的词语，这是系统自动分析得出的，如果是由于检索词制订得不合理导致检索结果不理想，我们可以点击适合的关键词再次进行检索。另外，在检索结果页面的右侧，还会有相关的网站推荐，可直接点击进入该网站进行查询。例如我们在百度中输入“慕课网”。检索结果页面下方的相关搜索和右侧的网站推荐如图 3.24 所示。

相关搜索

慕课网官网	慕课是什么	慕课app
慕课网站	幕课网	慕课官网
中国大学慕课网官网	慕课网公开课视频	中国大学慕课app

图 3.24 与“慕课网”相关的搜索推荐

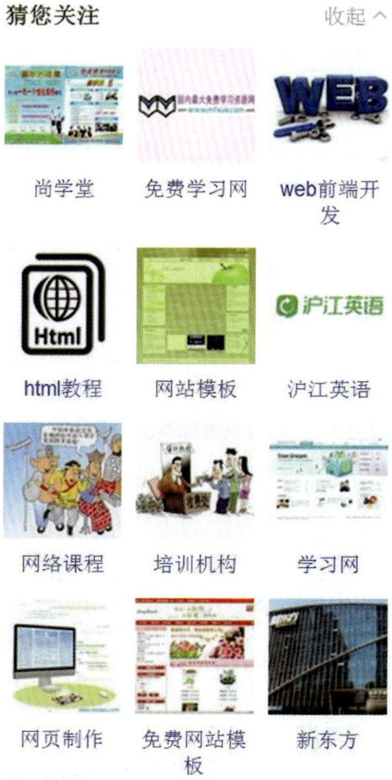

图 3.25　与“慕课网”相关的网站推荐

当我们在检索框输入关键词时，常常会出现检索词还没有输入完整，在它下面的下拉框里已经出现了一系列跟你的检索词相关的词组或短语。这个是系统经过猜测做出的检索提示，提示的根据就是关键词搜索频次、与输入检索词的相关程度等。用户如果在输入过程中看到符合要求的选项只需点选即可进行搜索，这样既可以节省时间，又能够避免输入错误，从而提高检索效率。

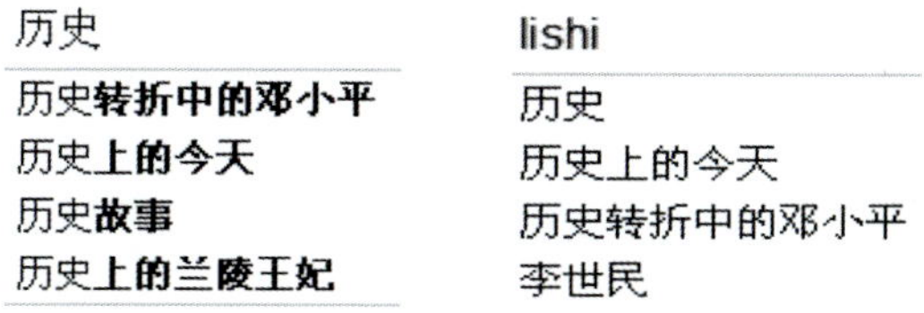

图 3.26　搜索引擎自动猜词

（14）利用搜索引擎的个性化功能。在越来越注重个性化的今天，搜索引擎也为用户打造了针对每一用户的服务项目。因为强调个性化所以要求使用者事先在系统中进行个人信息注册。每个搜索引擎都会提供注册功能，并给用户一定的网上空间与系统或其他用户进行交流。

- 提供“搜索历史”记录。搜索引擎会记录用户的每一次检索，包括检索时间和检索的关键词。有的搜索引擎还会自动分析检索数据、提供在搜索历史中进行检索的功能。搜索历史的记录可以帮助我们保存有意义的检索策略，随时查看之前的检索结果。留存的检索记录可以看到我们在某一时间感兴趣的信息内容，甚至能反应我们进行检索时的生活状态、学习阶段和工作内容等，是我们个人网上检索的日志。

- 提供“我的收藏”功能。收藏功能大家并不陌生，在检索过程中如果遇到喜欢的或者日后可能需要的网页信息、图片之类的内容，可以点击“收藏”按钮，使之保存在个人账户中，以便日后查询使用。

- 提供使用帮助与在线客服。任何一个系统的应用目的都是为了满足使用者需求的，像搜索引擎这样作为全世界用户信息搜索的工具，简化操作、方便用户是最大的追求，对于新用户或者不熟悉某些功能的用户，各搜索引擎都提供了图文并茂的系统使用帮助、常见问题解答等，有的还有在线客服随时解答各种疑问。

- 检索及结果界面自主设计。目前各大综合搜索引擎的界面都是以一个简单的检索框为主，用户可以根据自己的喜爱通过换肤、增减模块等功能设计检索界面，如必应就可以提供几种界面的动态效应供用户选择。还可以通过搜索语言和搜索结果的限定设置检索结果页面，打造专属自己的搜索引擎。

- 与系统进行交流。搜索引擎会提供一个用户反馈意见的功能，以便接收用户的意见与建议，从用户的使用角度将系统完善得更好。

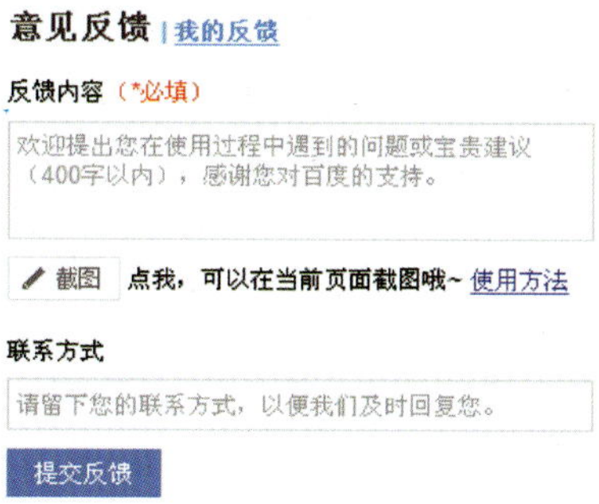

图 3.27　百度的意见反馈

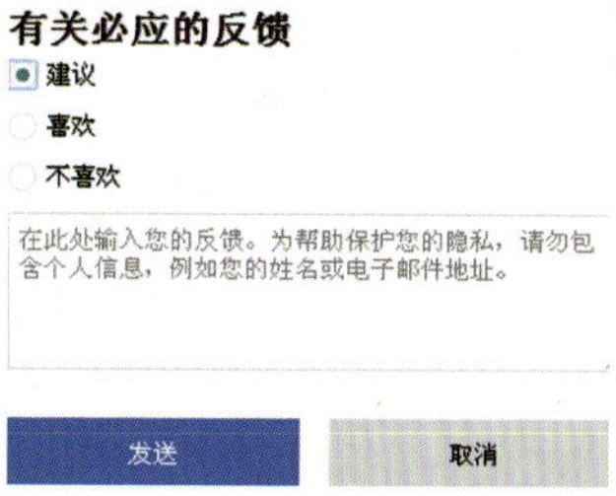

图 3.28　必应的意见反馈

- 提供个人空间和交流平台。大多数搜索引擎都可以作为一个社交平台，经过注册并登陆之后，用户可以在浏览信息的同时输入或上传自己的观点和资源。这种交流可以通过公开的论坛、贴吧、评论等形式公开进行，也可以通过私信、消息提醒等方式私下进行。

三、常用综合搜索引擎举要

不同的搜索引擎收录的内容和具体功能也都是各有千秋的，即便都是综合类的搜索引擎也都有各自的特点和侧重。不同的搜索引擎抓取的网页数据重叠率一般在 70% 以下，所以在一个搜索引擎找不到的信息可能会在另一个搜索引擎中找到，或者同样检索策略在不同的搜索引擎中可能会有不同的搜索结果。只有熟练地利用各搜索引擎的长处，才能把检索技巧运用自如，把检索网络信息做到如探囊取物 般轻松。笔者经过实际使用和对照，现将目前常用的各综合搜索引擎的特点和功能归纳如下。

1. 百度（www.baidu.com）

“众里寻他千百度”是辛弃疾的一句词，李彦宏于 2000 年创办的百度公司正是取名其中，同时推出同名独立搜索门户，继而推出独立搜索引擎、图片搜索、新闻搜索、百度贴吧等。仅用四年时间，“百度”便发展成为全球最大的中文搜索引擎、最大的中文网站。时至今日，百度已经成为人们生活中离不开的查询利器，“今天你百度了吗？”“百度一下，你就知道”早已成为信息检索的代名词扎根于人们心中。

从最初的搜索引擎起家到如今上百个产品的研发，百度一直保持着搜索引擎技术的引领地位，而且以汉语拼音（baidu）为域名、关键词提示、检索预测、只收录中文网页、交互式服务等功能都体现了亲民的特点，也是百度一直拥有最大数量用户的重要原因。百度为用户提供的“简单可依赖”的互联网搜索产品及服务主要包括：以网络搜索为主的功能性搜索；以贴吧为主的社区服务；针对各区域、行业所需的垂直搜索；移动服务、软件工具、游戏娱乐等，基本覆盖了中文网络资源所有的搜索需求。以下主要从百度的搜索功能、个性化功能及各种产品服务功能三个方面做以介绍。

（1）百度的搜索功能。如图 3.29 所示，百度的搜索界面非常简洁，搜索框中输入关键词即可进行简单搜索，系统支持汉字纠错、拼音输入、搜索提示、图片搜索、结果预测、搜索设置、高级搜索等，现将几种搜索举例如下。

图 3.29　百度搜索界面

简单搜索：在检索框中输入制定好的检索式，点击“百度一下”即可，例如输入“三亚 天气”即可获知三亚最近一周的天气状况，输入算式“log((sin(5))^2)–3+pi”即可获知其结果为 0.1051612789959，输入“三点水 + 巳”便可得知“汜”字读音为 sì 。

- 汉字纠错：输入“唐醋排骨”，系统会提示：您要找的是不是：糖醋排骨。
- 拼音提示：输入“maodie”，系统会提示：您要找的是不是：耄耋。
- 搜索提示：输入“两学一做”，检索框下拉列表便提示如图 3.30 所示，如若不需要搜索提示，可以在右上角检索设置中将搜索提示点选为“不显示”。

图 3.30　“两学一做”搜索提示

图片搜索：在百度搜索框右侧有一个 图标，点击之后系统会要求上传本地图片，然后将上传的图片与系统数据库进行匹配，再提供跟图片相关的信息，例如上传一张某明星的写真，便会出现该明星的详细信息。需要说明的是图片搜索是利用图片搜索信息，有别于利用关键词等信息搜索图片。

结果预测：例如我们在检索框中输入“雾霾”，在点击“百度一下”的按钮前，网页已经事先跳转到跟雾霾相关的结果页面，这一功能就是预测结果，用户可以在点击检索按钮前通过查看预测结果页面确定继续进行检索还是修改检索词。这一功能可以提高检索效率，如不需要这一功能也可以在设置中将其关闭。

搜索设置：在检索首页右上方，有一个设置选项，鼠标移动至此便可看到如图 3.31 的选项，点击“搜索设置”可以在弹出页面对检索结果的语言范围、显示条数等进行限定。

图 3.31　百度“设置”选项

高级搜索：同上，在设置中点击“高级搜索”可以对搜索的关键词、时间、文档格式、关键词位置和搜索的网站进行限定，与搜索设置不同的地方在于，前者主要是限定搜索结果的显示形式，后者则是限定搜索结果的内容类型。另外，在检索结果页面也可以使用高级检索功能对已经检出的结果进行筛选，如输入“环境保护”，我们可以选择检索结果的来源：网页、新闻、贴吧、知道、音乐、图片等，也可以对检索结果的时间、文件类型和检索站点进行设定。

图 3.32 “环境保护”检索结果页面

（2）百度的个性化功能。除了上述的基本检索功能外，百度还提供相当多的个性化功能，诸如首页个性设置、搜索历史保存、我的收藏、我的日历等，使用这些个性化功能的前提就是需要注册个人账号，点击百度首页右上角的按钮，就会看到弹出的登录 / 注册页面，我们可以选择电脑注册或手机短信注册获取百度账号，也可以选择页面下方的 QQ 或者微博直接登录系统。有了个人账号我们就可以使用如下功能了。

- 首页个性设置。登陆之后的首页左上角出现一排按钮，如图 3.33 所示，点击“换肤”，可以在弹出页面选择搜索引擎页面的主题、场景、人物图片等，也可以设成自动换肤。点击“消息”可以设置需要提醒的项目，如贴吧、微博、邮箱等跟个人相关的服务有了新的动态，只需在百度首页便可以知晓并直接点击查询（如图 3.33 所示）；点击“显示频道”可以在页面上加载“我的关注”，通过订阅感兴趣的频道，在打开百度首页时就可以直接看到最新的相关资讯。

图 3.33 百度消息提醒

搜索历史保存。用户登录之后所进行的每一次检索都会自动保存在系统里，并可以进行对搜索历史的检索。这些记录只有用户自己才能看到。搜索历史就像是用户的检索日记一样，详细地留存了检索的时间（精确到分钟）和检索策略，完全可以体现用户在不同阶段的信息需求。在需要时用户可以直接点选之前的检索策略查看当初的检索结果，这也相当于为用户提供了一定的存储空间。

- 我的日历。百度将日历与日程相结合，用户可以在日历上记录自己的活动安排，方便留存及日后查询。

- 我的收藏。如果用户想要对满意的检索结果进行保存，鼠标移动至搜索结果链接下拉菜单图标，在浮层内点击“收藏”，即可完成收藏，或者添加浏览器收藏插件，随时随地收藏好文、好图，内容也可同步到百度云。收藏后的内容可以在个人中心“我的收藏”和百度首页“我的导航”中查找。

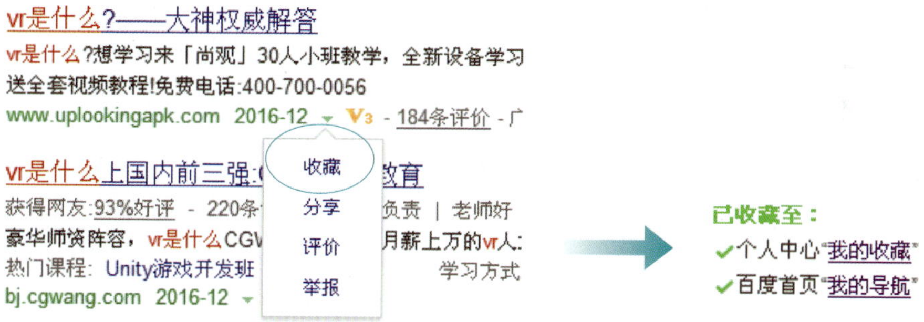

图 3.34 百度添加“我的收藏”

- 分享信息。“独乐乐不如众乐乐”，如果遇到喜欢的资源想要与他人分享，可以在图 3.34 菜单中点击“分享”，然后通过扫描二维码或者登录社交账号，把信息分享到如图 3.35 的各社交平台。

图 3.35 分享百度搜索结果

（3）百度的各种产品服务。目前，百度的产品服务已经多达数百种，鼠标移至百度首页右上方“更多产品”，在下拉菜单中点击“全部产品”便可看到百度提供的各种具体服务。众多产品中与我们日常生活相关的内容基本可以归纳为搜索服务、导航服务、社区服务、移动服务、软件工具、游戏娱乐和其他服务 7 种。

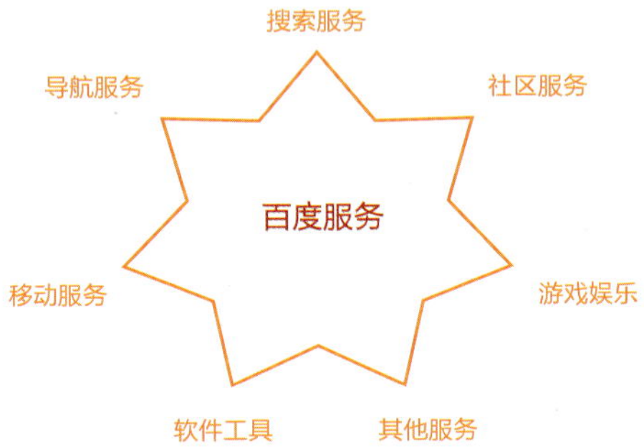

图 3.36 百度各种产品服务

● 搜索服务。各类搜索产品应该是百度服务中使用率最高的，其中包括网页、新闻、视频、图片、音乐、地图、翻译、学术等类型的搜索，虽然这些功能其他的搜索引擎也都基本具备，但是百度作为中文搜索引擎的引领者，一直是人们最常用的搜索工具。谈到搜索，大家应该都遇到过“该网页无法显示”或者网站根本打不开的情况，“百度快照”可以很好地解决这个问题，百度搜索引擎将收录到的网页拍下快照并存储于服务器内，在原网页出现链接故障时，可以点击搜索结果下面的“获取所需信息”。

● 导航服务。hao123 和百度网址大全是百度的上网导航产品，按照网站网址和信息内容等维度归类资源，用户通过页面浏览和鼠标点选即可找到资源。“百度口碑”则是可以了解商家口碑并发表对商家看法的平台，用户可以表扬和吐槽，对于真实的消费者曝光案例，甚至会有行业专家、法律顾问提供专业点评，教用户如何维护自己的合法权益。

● 社区服务。经常使用百度的用户一定最青睐百度的社区服务功能，百度首先开创了搜索引擎的 web2.0 时代，百度贴吧、百度知道、百度经验等产品给用户提供相互交流及与系统进行交流的平台，这也是百度优越于其他搜索引擎的原因之一。百度文库、百度百科、百度优课、百度阅读等为用户提供了相对权威、准确的通识学习渠道，成为人们在离开校园后终身学习的好帮手。

- 移动服务与软件工具。在适应移动终端使用需求方面，百度开发了一系列工具，如手机浏览器、手机输入法、手机卫士、手机助手等，还有系列软件，如百度地图、百度翻译、百度音乐 APP、百度传课等。最近，百度新上线了“度秘”和“百度广播开放平台”，“度秘”寓意为每个人贴心的秘书，二维码扫描下载 APP 便可使用，提供生活、电影、美食、外卖等栏目，可以识别口语对话，甚至可以与用户进行质量较高的对话，对比同类软件，度秘的中文辨识程度和返回结果更加智能。“百度广播开放平台”可以实现文本和语音实时转换，零成本制作有声读物，这一功能可以帮助眼疾患者以及不识字的幼儿通过听声音进行阅读，也可以把自己想表达的内容通过录制的语音发送给对方。

- 游戏娱乐与其他服务。百度还提供网游、手游及电视游戏，另外还有很多与开发者联合提供的服务，因为与日常生活关系不大，故不做过多介绍。

2. 必应（cn.bing.com / global.bing.com）

必应（Bing）是微软公司 2009 年推出的用以取代 Live Search 的搜索引擎。Bing 中文名称被定为“必应”，其寓意就是“有求必应”。各搜索引擎的基本搜索功能大同小异，鉴于上面已经详细介绍了百度，这里我们简单介绍一下必应的搜索功能，并着重分析必应与百度不同的地方，便于读者进行比较，更好地选择适合的搜索工具。

从检索界面来看，必应的界面（如图 3.37）简洁美观，未经注册登录的用户也可以在首页直接设置首页美图、页面动画效果及菜单栏是否显示等，非常方便。点击页面右下角左右箭头的图标 ‹ › 可以更换背景图片，点击旁边的图标，在弹出窗口便是对当前背景图片的说明，给人身临其境的鲜活感。

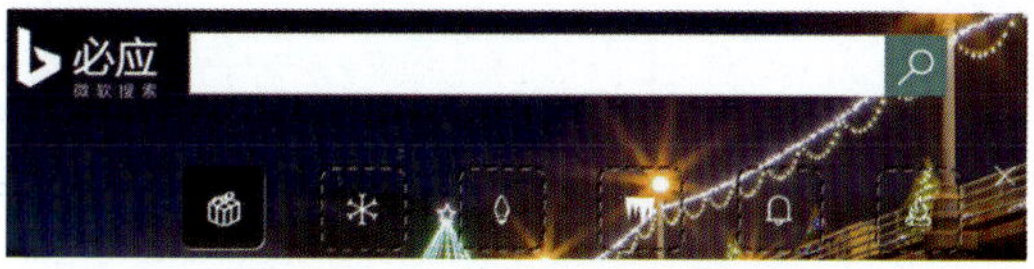

图 3.37　中文必应的检索界面

从必应提供的搜索选项（如图 3.38 所示）看，必应仅提供以下 9 种功能，远不及百度的上百种之多，下面就来逐一介绍。

图 3.38　中文必应的检索选项

网页搜索。必应同样支持汉字纠错、拼音输入、搜索提示等功能，经过对比在百度和必应输入相同的检索词所获得的结果页面后，我们可以总结如下：①必应的检索结果页面按照一定的规则做过归类，比如把论坛结果、健康网站、百科网站等结果归纳在一起，而百度的检索结果则不是这样排列的；②必应的搜索结果下面只是提供一个相应网址的链接，而没有类似“百度快照”的功能；③必应的搜索结果中有很大一部分是来自于百度的，但是这些信息在排列位次上却一般排在其他网页结果后面；④百度支持上传图片搜索相关信息，必应则没有这项功能。

图片搜索。必应的图片搜索功能提供了有关许可证筛选条件和使用方式的选项，除了包含百度提供的筛选图片尺寸、颜色、类型的功能，必应还提供了版式、任务、日期、授权等筛选条件，尤其是授权筛选（如图 3.39 所示）既可以保护知识产权，又为用户使用图片的权限提供了很大的便利。

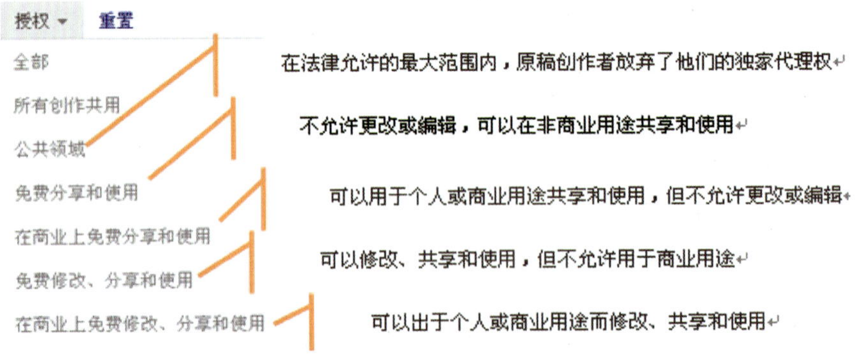

图 3.39　必应图片的授权筛选

视频搜索。必应视频提供检索、浏览、观看及与好友分享功能。

地图搜索。必应地图是卫星航拍图，不像百度地图渲染色彩那样浓厚鲜艳，必应地图比较接近真实的色彩，利用必应地图定位自己的位置、跟踪找到的路线、浏览场地地图及浏览位置和图标、添加和管理自己的企业名录、创建自定义地图等。

词典和在线翻译。必应的英汉双解词典和在线翻译从语言处理能力和速度方面是优于百度的，值得一提的是必应支持近音词搜索、近义词比较、词性百搭、拼音搜索、搭配建议等功能，在翻译方面，必应支持翻译的语种多达 60 余种，百度则不到 30 种。

必应网典。必应从用户的需求出发，把网上最有用的知识集中整合为“知识库”，将用户搜索的关键词抽象为一种类型，旨在帮助用户获得互联网上最全面的搜索体验。有些类似于百度百科，但不同的是，百度百科收集的信息是经过整理的，比较系统，且有连贯性，而必应网典的内容是直接从各个网站抓取的，信息类型有网页、新闻及其他相关内容，还标有来源网站的名称，其中有很多条目就来自于百度百科，所以需要使用中文百科查询工具时百度要略胜一筹。但必应在美国就相当于中国的百度，所以查询英文信息还是要考虑必应。

必应学术。必应学术的前身就是微软学术，目前只是实现了最基本的检索功能，英文搜索无法与谷歌学术相比，中文搜索也不如百度学术和文库好用，故不做推荐。

从用户的体验角度来说，必应提供的个性化服务与百度相同之处很多，如搜索记录保存、搜索结果收藏、个性页面设置等功能，但是二者也有各自的优点和不足之处。比如必应采取零广告政策、无痕式安全搜索、多语言版本搜索等功能都是百度不具备的，但是百度贴吧、百度知道等产品提供的用户非常喜欢的交互式平台功能必应也做不到。用户可以在了解其各自的长处之后，按照自己的需求选择适合的搜索工具。

3、搜狗搜索（www.sogou.com）

搜狗搜索是搜狐公司于2004年作为全球首个第三代互动式中文搜索引擎正式推出的搜索产品，于2013年合并腾讯搜搜，成为百度之后的第二大搜索引擎。除此之外，搜狗搜索还结合腾讯独家资源，打造微信搜索，上线本地生活、扫码比价、微信头条等独有服务。2015年11月，搜狗对问答社区知乎进行战略投资，并成为其在搜索领域的独家合作伙伴，搜狗知乎应运而生。2016年相继推出搜狗明医、搜狗英文搜索、搜狗学术和搜狗指南等垂直搜索频道，内容差异化不断升级。

图 3.40　搜狗搜索界面

搜狗搜索无论在搜索功能和产品服务方面与百度都有很多相似之处，比如都可以提供网页、视频、图片、地图、新闻、百科、学术、词典、网址导航等，但是搜狗也有一些自身的优势，我们介绍如下。

搜狗英文搜索。搜狗的英文搜索是新推出的产品，对接全球万亿的英文信息，用户只需输入中文即可获知对应英文的检索结果，例如，我们输入“雾霾”，便可获知相应英文“haze”的检索结果，而这一点目前百度和必应都是无法做到的。

图 3.41　搜狗英文搜索

搜狗分类搜索。搜狗搜索除去与其他搜索引擎相同的功能外，还把文档搜索、招聘搜索、应用搜索、素材搜索、搜狗彩票等人们常用的信息单独列出搜索入口，虽然这些信息在统一搜索平台上也都可以查询，但是这样单独列出可以缩小检索范围，使用户更容易、更方便地获取所需信息，检索速度更快。

搜狗与社交软件的对接。搜狗联合了微信和知乎等大众皆知、皆用的社交软件，独家提供微信公众号的查询，为知乎用户提供搜狗搜索技术。

纵观其发展历程，搜狗搜索一直很注重与他人的联合，如合并搜搜，接入必应学术搜索的内容，与必应联合开发搜狗英文搜索等，这种强强联合的做法在实现双赢的同时也大大地方便了各自的用户，是非常值得提倡的。

4.360 搜索（www.so.com）

360 搜索是奇虎 360 于 2012 年推出的综合搜索，曾于 2015 年更名为好搜，又于 2016 年恢复原名 360 搜索，并正式使用域名 so.com。

360 搜索主要包括新闻搜索、网页搜索、微博搜索、视频搜索、MP3 搜索、图片搜索、地图搜索、问答搜索、购物搜索等功能，其搜索界面（如下图）及个性化功能与百度差异不大，我们主要从它的一些独特之处进行了解即可。

图 3.42　360 搜索界面

接入垂直搜索引擎。地图搜索与高德合作，音乐搜索整合了酷我、虾米等音乐网站，360 视频则整合了优酷、土豆、搜狐、爱奇艺等视频网站资源。

向合作伙伴免费开放应用盒子。当用户通过 360 搜索旅游、医疗、实用工具、火车票、明星任务等关键词时，360 搜索结果免费展示由合作伙伴定制的网页应用结果，其合作伙伴有携程、酷讯、39 健康网、寻医问药网等。以搜索机票为例，360 搜索引导合作伙伴进行同类数据的用户特惠竞争，将最优惠的数据展示在 360 应用盒子中。

免费认证官网。当用户搜索关键词明确指向某个官网时，360 搜索将免费展示应该认证的官网地址，不会以竞价排名的方式销售网站关键词。

推出专业的医疗、医药、健康信息的垂直搜索引擎——良医搜索，帮助网民获取正确信息，不受虚假医疗广告、虚假医疗信息的侵扰。另外，经过魏则西事件，360 搜索宣布放弃一切消费者医疗商业推广业务，为网民提供安全、干净的搜索服务，而百度在这方面仅是表态支持，却没有进一步行动。

魏则西事件始末

西安大学生魏则西患“滑膜肉瘤”晚期，经多方治疗无效。在百度搜索该病的治疗方法时，发现搜索结果排名第一的“武警北京总队第二医院”承诺有美国斯坦福引进的生物免疫疗法可以治疗该病，后又见到央视对该院报道。在魏则西父母亲身前往考察并得到主治医师给予保证 10~20 年没问题的情况下，从 2015 年 9 月开始，魏则西由父母带领先后从陕西省咸阳市 4 次前往北京治疗，期间未见具体疗效，于 2016 年 4 月 12 日去世。事后得知，该院排名第一的搜索结果并非源自医术高明，而是竞价排名换来的。魏则西在当初查询时并不知情，出于对百度搜索结果、央视报道及当事医生的信任才选择该医院治疗，最后导致财尽人亡。此事引起社会广泛关注，避开其深层次的法律及道德责任，仅从信息检索的角度来思考，可以得出如下结论：搜索引擎提供的信息并非全部真实可靠，无论是一直信赖的百度还是认为权威的央视，都只是信息传递的介质，我们还是要撇开信息的载体，更关注信息本身，广告无论刊登在哪里都摆脱不了它的原本属性。魏则西事件提示我们，信息具有真伪性。我们在进行信息检索时，一定要多方甄别，趋利避害。

5. 谷粉搜搜（gfsoso.99lb.net）

对于谷歌，相信有一定网龄的网民都不会陌生，当年谷歌中国在国内信息检索领域占据半壁江山，但是，随着其他搜索引擎的不断壮大及谷歌退出中国内地，使用香港域名和服务器，导致其搜索服务不稳定，时常出现网页打不开的现象，谷粉搜搜就这样应运而生了。谷粉搜搜由几位谷歌搜索的粉丝利用业余时间联合创建于2011年，目前一共提供4项服务，分别为网页搜索、图片搜索、学术搜索、新闻搜索，其中前两者的搜索结果与香港谷歌搜索结果基本一致，后两项的部分功能正在完善之中。另外，网站还声明将不会再开发其他谷粉服务。

相对于谷歌的强大功能，谷粉搜搜只能提供部分搜索功能，而且由于是个人创办且规模很小又缺少维护，虽然网页和图片搜索结果来自于谷歌，但是搜索界面和用户感受方面远不及其他搜索引擎。

四、垂直搜索引擎的查找方法

综合类搜索引擎适用于用户已经有明确信息需求和关键词的情况。通过直接输入检索式便可以查询需要的信息，从而获知新内容或消除不确定，但是对于扩展视野和知识结构方面的作用还是存在局限性的，试想一个原本不知道或不会描述的知识或信息该怎么去检索呢？综合搜索引擎不过是一个能抓取网页的程序，其信息源最终还是来自于这些专题网站，由于各搜索引擎程序设置、排序算法不同导致其抓取网页和返回结果也会有差异。另外，即便是最强大的搜索引擎也只能收录网络中60%~70%的网页，所以除了熟练掌握搜索引擎的使用方法之外，我们还需学会利用专业网站，这样才有利于我们获取完整的网络信息资源。

前面我们提到过，针对某一个行业或专题的专业搜索引擎就是垂直搜索引擎，诸如大众点评、途牛旅游、高德地图等。这些我们经常使用的网站或手机应用都属于垂直搜索引擎范畴。众多的行业和专题有各自的垂直搜索引擎，即便是同一行业也有很多各具特色的搜索引擎，所以，垂直搜索引擎的数量是综合搜索引擎不能比的。受篇幅限制，我们不可能列举出全部的垂直搜索引擎，但是本书将介绍以下方法，抛砖引玉，告诉用户如何查找所需垂直搜索引擎，以顺利获取所需信息。

（1）利用综合搜索引擎自带的垂直搜索产品，如百度旅游（lvyou.baidu.com）、百度音乐（music.baidu.com）、搜狗阅读（yuedu.sogou.com）、搜狗明医（mingyi.sogou.com）等。只要用户记住相应的域名，或者在搜索引擎的“全部产品”页面点选相应的图标即可进入，检索范围自动定在点选的主题之内。

（2）利用搜索引擎提供的导航网站，如百度导航（site.baidu.com）、搜狗网址导航（123.sogou.com）、360 导航（hao.360.cn）等。这些导航网站将收录的信息按照各类网站及各子栏目进行排列，用户可以不用记住众多复杂的网址，直接点击即可进入网站查询。

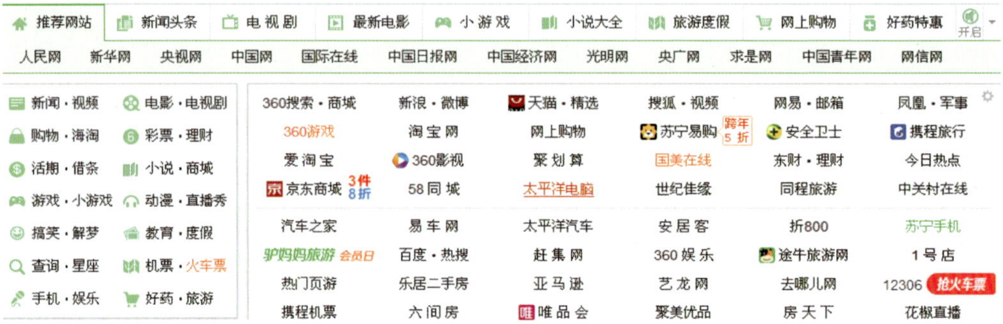

图 3.43　必应图片的授权筛选

（3）直接在综合搜索引擎进行搜索。如我们不喜欢在花花绿绿的导航网站里寻找信息，我们可以直接在百度等综合搜索引擎中进行查找，比如输入“宠物 网站”就可以查询众多跟宠物相关的网站。

（4）利用检索结果页面的“相关网站”功能。每个检索结果页面都有系统推送的跟检索词相关的网站推荐，一般都出现在结果页面的右侧。这些推荐结果虽然不在检索结果里面，但是也都是跟检索词息息相关的内容，适时关注一下推荐结果也许会有意想不到的效果。如在搜狗中输入“阅读 网站”，在右侧相关网站中就出现了如图 3.44 所示的众多网站图标，如有需要点击进入即可。

图 3.44　搜狗“阅读 网站”推荐网站

"术业有专攻"，总体说来，垂直搜索引擎的存在有着它自身的优势。

首先，在收录信息方面，着重于某一方面或某一专题。例如，我们想查找跟"茉莉花"相关的音乐资料，如果在百度中直接搜索"茉莉花"，就会出现好多茉莉花这种植物的特性和图片，而我们再次点击搜索框上方的"音乐"按钮，则系统自动跳转至百度音乐界面，那么出现的结果全部都是音乐领域内与"茉莉花"相关的内容。这说明垂直搜索引擎可以起到限定搜索范围，更好地理解用户需求，精确搜索结果的作用。

其次，通过查询收录内容类似的垂直搜索引擎可以给用户更多的比较机会，从而做出更明智的决定。最直接的例子就是我们可以通过比较同一件商品在不同购物网站上的价格，来选择在哪家购买，最终达到帮用户省钱的目的。

再次，许多用户会在使用过程中形成找某类信息到某个网站的习惯，所以垂直搜索引擎的用户一般相对固定。

最后，垂直搜索引擎的服务对象相对于综合搜索引擎的服务对象要具体，数量和范围也比较好掌握，所以在个性化服务方面可以做得更好，从而可以更好地为用户服务。

五、各类公共检索系统的应用

以上我们讲到的利用搜索引擎检索信息指的是检索网络信息，但是在网络没有像今天这样普及之前，人们提到信息检索首先想到的应该是图书馆等实体收藏信息资源的机构。从最初的手工检索到单机检索再到现在的联合目录系统检索，图书馆的服务也提高到了一个新的阶段。经过工作人员前期的书目加工和按顺序上架，我们再也不头疼在一座好几层楼的图书馆里快速地找到自己需要的图书了。

目前，不论是公共图书馆、高校图书馆还是科研机构图书馆，都有着自己的检索系统，并且很多检索系统之间都进行了技术对接，用户经过一次检索查询便可知本馆及其他馆的馆藏情况。当我们在网络信息查询不便或无果时，可以尝试利用身边的图书馆资源。而当我们面对一座图书馆的资源时，只要找到它的检索系统就好似打开了书库的大门，全部资源只在你的指尖。获知图书馆的公共检索系统可以通过搜索引擎找到该馆的官方主页，点击"书目检索"即可进入查询界面，然后选择字段、输入检索词，还可以选择高级检索等功能，以下为一些公共图书馆及联合馆的检索系统：

中国国家图书馆　http://opac.nlc.cn/

国家科技图书文献中心　http://www.nstl.gov.cn/

中国科学院文献情报中心　http://www.las.ac.cn/

上海图书馆　http://www.library.sh.cn/

天津图书馆　http://opacwh.tjl.tj.cn:8991/F

六、各类商业数据库

提到信息检索工具，不得不介绍一下各类商业数据库。我们在查询学术信息时靠搜索引擎检索的碎片信息显然不靠谱，因为网络信息的真实与否无从考证，更无法作为参考文献引用到自己的研究当中。在网络检索过程中我们会发现某些学术搜索引擎当中有我们需要的文献资源，但是当点击下载全文时却发现页面跳转至某数据库，并弹出收费对话框，只有交费才能获取下载权限。这些收录了文献全文的系统就是商业数据库，即以商业为目的，提供各类学术文献信息资源的系统，用户付费购买才有权查看并下载文献的文摘或全文。商业数据库收录的内容都是经过正规出版社出版发行的合法文献，信息准确，可以直接作为参考文献引用，这一点是网络零散信息不可以比拟的。

商业数据库按照收录文献内容划分，可以分为综合数据库和专业数据库；按照收录文献类型划分，可以分为电子期刊数据库、电子图书数据库、学位论文库、会议论文库、报纸资源库及多媒体数据库等；按照收录文献特征划分，可以分为文摘数据库和全文数据库。常用的中文三大数据库有中国知网（www.cnki.net）、万方数据（www.wanfangdata.com.cn）和维普资讯（www.cqvip.com）。需要说明的是，这些商业数据库的资源下载虽然是需要收费的，但是题录查询是免费提供的。所以我们有文献检索需求时可以先利用商业数据库的网站进行查询，获得符合要求的文献题录信息之后再找途径查询全文。另外，如果身边有高校和科研机构已经购买了该数据库，则可以到有使用权限的 IP 范围内进行资源检索和下载。

信息检索实践篇

说罢信息检索的理论与信息检索工具，我们来试试将理论应用于日常生活实践。信息检索的实践应用可以说是贯穿于生活中的每一时刻、每一事件。搜索引擎等检索工具的正确利用可以让我们查找未知问题、解开心中疑惑、扩大认知来源、提高个人素质、抓住身边机会、维护合法权益、避免上当受骗等。信息检索的过程就是我们获取有用信息、过滤无用信息、防范不利信息的过程。本篇即将以生活中各方面的具体需求为例，提供详细的检索途径和方法，供读者参考借鉴，并举一反三地运用到自己的实际检索行为当中。

一、生活必备信息（衣食住行用）

1. 巧学搭配，玩转时尚

人人都有爱美之心，那么外在的形象到底有多重要？根据西方学者雅伯特·马伯蓝比教授研究出的“7/38/55”定律，在整体表现上，旁人对你的观感，只有 7% 取决于你真正谈话的内容；而有 38% 在于辅助表达这些话的方法，也就是口气、手势等；却有高达 55% 的比重决定于“你看起来够不够份量”“够不够有说服力”，一言以蔽之，也就是你的“外表”。由此可见，精心修饰的外表在人际交往中占据举足轻重的分量，然而，外表的影响力不限于此，小到出席一次聚会，大到求职、晋升，具备精致外在的人总是更容易得到青睐。

俗话说“三分长相，七分打扮”，穿衣造型便是塑造精致外在的不二法门。掌握了潮流的穿搭和美妆技巧，保持优雅端庄的形象，相信你会更容易在工作和生活中如鱼得水。那么，在这样一个信息浩瀚如海的社会里，如何才能快速获取时尚的穿搭和美妆的信息，做到紧跟潮流风向标呢？

量身定制穿搭方案

同样的衣服不同的人穿，或者同一个人穿不同风格的衣服都会给人不一样的感觉，这就是服饰带给人的影响。一个人看起来多漂亮、多有气质，绝不仅仅取决于她多时尚、多富有或者是多么的天生丽质，而是在于她会恰当地用服装包装自己。服装的材质是否健康、舒适，颜色的搭配是否协调、悦目，都是体现个人品味和层次的标识。工作时的得体考究，运动时的灵活舒适，居家时的温馨恬淡，出游时的悦人悦己，年轻时的青春时尚，年长时的沉稳老练，都可以通过服饰的匹配表现得淋漓尽致。

“人靠衣装，马靠鞍”的道理也许是人人都明白的。但是，具体到如何选择适合自己的那款服装提升自己的品味、气质乃至健康却不那么容易。此时我们便可以通过服饰信息的查询来为自己量身打造专属形象。

我们知道，衣着的选择和搭配体现着个人的审美情趣，也体现着每个人对自己身材、脸型、肤色等特点是否了解。我们知道，穿衣搭配有一些禁忌，如若不能掌握自身特点进行量身搭配，很可能适得其反。比如，皮肤较黑的人不适合穿橘色、大红等过于鲜艳的衣服。如果不掌握这一窍门，很可能辛苦选择一番，仍然以失败的造型示人。而如果对不同身材、脸型、肤色、气质所适合的搭配法则了然于心，我们就能轻松取胜。那么，如何利用信息检索来找适合自己的服装搭配呢?

以脸型和穿搭的关系为例。如果我们想知道不同的脸型适合何种服装，输入关键词“脸型 穿搭”，便可以看到海量相关度比较高的网页，对脸型所适合的穿衣搭配给我们进行了图文并茂的介绍。

不仅如此，除了网页的文字、图片阅读之外，我们还有更直观的方式来获取相关信息，即视频检索。以小个子女生为例，如何让自己的身形显得更加苗条修长，是很多女生所苦恼的问题，那我们是否可以通过看视频，找到一目了然的穿衣方案呢?以视频网站“优酷”为例，我们同样使用关键词检索的方式，输入“小个子 穿搭”可以看到956条相关视频，随意点开，我们便可以轻松了解适合自己的各类穿搭技巧。

除了借助搜索引擎进行检索，我们还可以下载穿衣搭配类的APP。目前比较热门的app有穿衣助手、明星衣橱、穿帮、混搭帮等。以“穿衣助手”为例，穿衣助手是一款集看搭配、淘搭配、晒搭配于一体的搭配软件。“搭配测试”帮我们选择自己适合的穿衣风格；“穿搭手册”提供了海量的多种风格搭配方案；我们还可以借助“问穿搭”，请设计师为自己设计穿衣方案。同时穿衣助手的社区功能方便我们和其他爱美的女性一起分享搭配心得。总之，让爱美的你轻轻松松学搭配。不管你是初入职场对职业装一头雾水，还是出席聚会不知道如何搭配，掌握以上小技能，相信总能快捷获取海量的穿搭锦囊。

精明选衣服

我们知道，衣服的内在和外在同样重要，在服装选择方面我们还有很多因素要考虑。比如面料材质。服装的材质是服装材料与其表面质地的简称，可以说是选择时的首要因素。面料的环保与否关乎我们的健康，面料的组成成分关乎我们对衣服如何保养，面料的本身特性关乎服装的质量及款式，面料的制作关乎服装的价格，一句话，面料主宰服装的命运。

举个例子，目前市面上很流行保暖内衣。因为老人怕冷，所以很多子女出于孝心给父母购买，但是老年人穿了以后并没有觉得舒服，甚至还出现了不适症状。针对这一现象我们只要在网上进行一下检索便可得知，一些老年人其实是不适合穿保暖内衣的，因为保暖内衣大多数都以人造纤维为主要面料。其原理是通过阻挡皮肤与外界进行热量交换达到保暖作用。面料决定了其透气性差、易产生静电、不利于排汗，甚至可能引起老年人皮肤瘙痒、湿疹、过敏等症状。由此可见，对服装材质信息与适合人群的了解是不可忽视的。在服装材质的选择上我们可以进行普遍了解，可以利用搜索引擎检索"服装材质"，也可以借助百科全书式平台，如百度百科，全面了解面料种类。

我们也可以就关注的某一种面料进行检索。如键入"桑蚕丝"，便可得知它是"天然的动物蛋白质纤维，光滑柔软，富有光泽，有冬暖夏凉的感觉，磨擦时有独特的'丝鸣现象'"，有很好的延伸性，较好的耐热性，不耐盐水浸蚀，不宜用含氯漂白剂或洗涤剂处理。据此，我们可以得知哪些面料不宜水洗、哪些面料易于吸汗透气、哪些面料适合老人和孩子、哪些面料可以防风保暖等。

跟着潮流走

随着社会物质生活和精神生活的丰富，人们追求个性的需求越来越强烈，时尚作为一种超前的生活方式也走进了千家万户。就服装方面来说，每年的时装周发布的潮流款式都会成为当季的卖点，明星们的穿着打扮也经常让年轻人趋之若鹜。如前两年大热的《来自星星的你》，其中女主角千颂伊的着装造型，就成了网友们竞相追逐的对象。在服装潮流日新月异的今天，如何能穿得个性、穿得时尚，已经成为大家在服饰选择方面的重要考量。那么，如何了解这一季流行什么？怎么买到？如何把握身边的信息，走近时尚潮流？

我们常见的了解时尚服饰信息的途径有看流行影视剧、翻阅图书杂志、浏览专门的服饰网站或者 APP 等。首先介绍一下前两个。影视剧和图书杂志作为传统的信息载体，也是老百姓日常接触比较多的。随着我国对外交流越来越广泛，港台地区以及日韩的电视剧明星越来越多地走进我们的视野。参考剧中主角的光鲜亮丽的时装和造型，能让我们轻松获得时尚灵感。时尚杂志类，如《Vogue》《ELLE》《时尚芭莎》《昕薇》《瑞丽》《时尚先生》等，为我们提供潮流趋势的解读和时尚美学的分享，也是我们唾手可得的时尚信息获取途径。

说到时尚类网站，我们可以点击各大门户网站旗下的时尚网站，如腾讯时尚、凤凰时尚、搜狐时尚、网易时尚等；也可以以“时尚 网站”为关键词进行网站检索。浏览一些点击量较靠前的时尚网站，如瑞丽网、VOGUE 时尚网、YOKA 时尚网、ELLE、太平洋时尚网等，或者下载一些时尚类资讯的手机客户端，如 VOGUE mini、网易时尚、服饰美容、米娜等，都能让我们随时随地进行玩转时尚。以 YOKA 时尚网旗下的服饰美容为例。该软件定位是“指尖上的时尚杂志”，集合了精华、时尚、美容、娱乐、奢华和生活等内容，精选时尚媒体资讯以及全球时尚最新动态，并有知名造型师、化妆师加盟，服务时尚人士的日常生活；最新的明星街拍穿了什么，现在流行什么刘海和发型，冬天护肤有哪些技巧。这些时尚类 APP，内容已经不局限于穿衣搭配，而是渗透到生活中关于美的方方面面。有了这些软件和网站，相信潮流再也不会是高不可攀的阳春白雪，潮流将作为一种生活方式走进千家万户，走到每个人身边。

2. 指尖下的美味

俗话说“民以食为天”，可以说饮食构成了我们赖以生活的基础。自古以来，饮食除了满足人类最基本的果腹需要，也是人们联络感情、社交活动的重要方式。中国地大物博，历史悠久，饮食文化也呈现出源远流长、异彩纷呈的特色。近些年，随着物质条件的改善和生活水平的提高，饮食生活中的菜式越来越丰富，吃法越来越多样，人们对于食物的关注突破了表层，深入到了饮食的花样制作、精品餐厅的搜罗、饮食文化的内涵探索等层面。美食纪录片《舌尖上的中国》的热播，正体现了大家对饮食背后的文化与审美的关注。

那么，在这样一个信息爆炸的社会里，如何能足不出户吃到自己向往的美食，如何能在陌生的城市吃到最地道的风味，如何能指尖轻触，便了解丰富多彩的饮食文化呢？接下来，本章将教你如何通过美食信息检索变身一枚精通理论与技艺的资深吃货。

查菜谱不求人

大家都知道，不同口味的人会有不同的饮食偏好，有的人喜欢吃江浙菜，因为清淡鲜美；有的人喜欢吃川菜，因为麻辣鲜香。地理位置和风俗习惯的差异导致中国各地菜品的总体口味呈现出“南甜北咸”的格局，也衍生出了中国饮食文化中的八大菜系，即鲁菜、川菜、粤菜、苏菜、闽菜、浙菜、湘菜、徽菜。八大菜系之外，还有一些广受欢迎的地方菜系，如东北菜、湖北菜、上海菜，都各自代表了地方的特色烹饪技艺。

表 4.1　八大菜系

	地域	口味
鲁菜	山东	咸鲜为主，火候精湛，制作精细，善烹海鲜、汤菜
川菜	四川	清鲜醇浓，麻辣辛香，口味丰富，菜式多样
粤菜	广东	清而不淡，鲜而不俗，选料精细，富于创新
苏菜	江苏	色调淡雅，造型清新，咸甜适中，制作精良
闽菜	福建	讲究火候，注重调汤；喜用作料，口味多变
浙菜	浙江	精巧细腻，清秀雅丽，选料追求“细、特、鲜、嫩”
湘菜	湖南	油重色浓，口味多变，制法上多煨、炖、腊、蒸、炒
徽菜	安徽	擅长烧、炖、蒸，而爆、炒菜少，重油，重色，重火功，重山珍野味

参考：瑞雅《在家吃遍八大菜系》

那么，了解了菜系的基本知识之后，我们来尝试用搜索引擎来查找自己想要的菜谱。比如，一名湘菜的爱好者，如果想学习湘菜特色菜——剁椒鱼头的做法，我们该如何进行信息检索呢?

借助综合性搜索引擎，直接搜索菜名。如搜索“剁椒鱼头”，我们获取了许多相关链接，但其中有做法，有图片，各类信息繁杂。那么为了获取更加精确的搜索结果，我们增加了限定词，如搜索“湘菜 剁椒鱼头 做法”就会显示这样的界面。出现的几条链接均与我们想要搜索的内容相关度较高，有文字，有图片，还有视频，打开之后我们便可以按部就班地开始制作。

通过专业美食网站进行查找。我们知道，在运用综合性搜索引擎进行检索的情况下，搜索得到的结果范围较大，信息越为庞杂。那么，我们可以借助专业美食网站有指向性地进行信息查找。如借助知名的“美食天下”网站，在右上角进行一站式搜索。在专业美食网站上，我们不仅可以快速查询同一种菜的多种做法，还可以根据食材、时令自主发挥，轻松变身厨艺达人。另外，作为美食和美食家的集散地，“美食天下”中的“社区”“话题”等模块，便于美食爱好者进行心得交流和经验分享。

目前，国内比较知名的、点击量较多的美食网站有豆果美食、美食杰、下厨房、饭本等，以及综合性搜索引擎下的美食网站，如搜狐美食。既然掌握了获取美食的秘密，那么让我们自己动手，丰衣足食吧。

寻觅美食 so easy（饭馆检索）

我们都有出门在外的经历。你肯定有过这样一种感受：来到一条熙熙攘攘的街道，想找一家可口的饭馆却不知该走进哪一家。走在陌生的城市，对这个城市的美食充满了好奇却不知去何处寻觅。互联网时代，基于定位服务的各类本地搜索门户或者专业旅游网站，通过大数据技术，为我们进行了美食信息的整合，也为我们的消费提供了导向性。我们可以按照以下几个方法来寻觅美食。

借助本地搜索门户，进行餐馆的筛选和查找。比较有代表性的移动设备 APP 有大众点评、美团、百度糯米和支付宝口碑。

接下来我们以大众点评网手机 APP 为例，演示一下如何实现本地美食的检索。你到了一个地方，通过打开手机定位，再点开主页的美食，便可看到周围的美食列表。上部菜单中包含了种类繁多的各类美味，如火锅、自助餐、烧烤、西餐等。点击“智能排序”，便可以根据用户需要，如距离、口碑、环境、服务、消费档次等进行个性化排序，帮助用户进行智能化的本地美食筛选。同时，大众点评、美团以及百度糯米等本地门户汇集了餐饮的打折团购信息，在线团购之后便可以凭电子凭证线下消费，让我们既能吃得满意，又能吃得实惠。

除此之外，一类新兴的立足于美食分享和餐厅推荐的 APP，也为我们提供了美食选择的参考。以去哪吃 APP 为例，其定位是美食社交 APP。通过发掘与应用合作的美食达人资源，以美食探店的形式，向用户呈现餐厅的口味、环境、服务等。通过美食达人的影响力和专业性，帮助吃货们方便快捷地选择身边的精品餐厅。

借助旅游专业网站或者APP，搜寻目的地的口碑美食。通过旅游网站来查找美食信息，我们可以借助两类网站。第一类为各大搜索引擎下的旅游服务平台，如百度旅游。依托百度大数据及技术平台，百度旅游通过提供境内外海量旅游信息、定制化行程规划服务、多样化旅行产品预订信息，为旅游爱好者提供便捷的旅游资讯与服务。我们输入任何一个目的地，便可以在“美食”的选项卡里查找到当地的特色小吃和餐馆信息。

第二类，专业的旅行服务网站。以“携程”为例，打开“携程—攻略”。或者下载“携程攻略”APP，通过输入目的地/景点/餐馆，便可轻松获取所要查找的城市的特色美食和餐厅攻略。如携程旅行特推出“食美林”专题，即全球旅行餐厅精选榜，由美食界、文化界的大咖、媒体合作，精选热门旅行城市的特色餐厅，为热爱旅行的食客提供了一份资深参考。类似的旅游网站还有去哪儿网、百度旅游。

说到将美食信息网罗在内的旅游网站，不得不提TripAdvisor（猫途鹰）。猫途鹰作为全球知名旅行社区，汇聚了190多个国家的餐饮、旅行指南和攻略，并将每个城市的不同类型的餐厅做了排行，且范围覆盖全球，真正可以满足吃货们“吃遍全球”的梦想。

玩转美食圈

在人们对于美食越来越关注的今天，一些美食达人和自媒体也通过在各网络平台扩大着他们的影响力。美食达人和自媒体在社交平台上分享个性化的美食做法，挖掘美食文化，推介特色餐厅，借助社交网络的渗透性坐拥超高的粉丝量和点击率，并影响着大众的美食观点和消费决策。关注美食达人和一些知名的自媒体，同样是我们获得美食信息的重要途径。

微博是目前中国最主流的分享和交流平台，因其具有草根特质、互动性、即时性强等特点，成为影响力最广泛的信息集散地。微信作为中国网友最常用的通讯软件之一，用户群体最大，覆盖范围最广。而依托于微信公众平台的微信公众号，作为一个个性化的信息发布和传播平台，聚集了海量丰富的信息资源。值得一提的是，最近微信又推出了小程序服务。这是一种不需要下载、安装，用户只要在微信中扫一扫或者搜一下即可打开的应用；用完之后，退出页面即可。用户不需要对它进行卸载，它也不会再打扰用户，更不会推送消息，不会产生订阅关系，不能被推送到朋友圈。更直观地说，它是由微信推出的，一个可代替 APP 的部分功能。但又不像 APP 那样需要用户进行下载、卸载等繁琐操作，且更省空间的一个应用。目前有很多应用已经加入了小程序的队伍，如大众点评、百度外卖等，如果感兴趣可以在微信页面顶端搜索添加。

这些自媒体在信息的传播，尤其是生活类信息的传播上，起到了非常重要的作用。那么以微博为例，如何发现美食达人，获取美食相关内容呢？我们既可以通过微博首页上方的搜索框进行关键字的检索，也可以通过点击微博上部菜单的“发现”功能，选择“美食”分类，浏览美食相关内容和博主。发现感兴趣的微博博主，一键关注，便可以随时随地，轻轻松松地了解美食资讯。微信首页也设有检索放大镜，通过一键检索，便可以检索朋友圈、公众号里的美食信息。

知名美食达人/自媒体推荐

微博篇

@ 文怡，@ 君之，@hi 小宝君，@YOYO 食色空间， @ 好豆网，@ 美食家大雄 @ 一条 @ 魔力美食 @ 醉鹅娘 @ 食帖 @ 日食记 @ 王大厨 @ 厨娘物语 beautycate，@ 典典吃喝教主，@ 罐头视频，@ 美食台 foodvedio，@ 隐藏菜单，@ 薄荷在路上，@John 弹王

微信篇

文怡家常菜，黄小厨，好豆，美食工坊，每日菜谱，下厨房，美食中国，日食记，做饭很简单，美食台，i 烘焙，吃货研究所，企鹅吃喝指南，悦食中国，美食健康顾问，厨娘物语，美食餐谱小羽私厨 ，餐饮老板内参，厨道学堂

通过微信和微博两大平台，我们可以把美食和菜谱随身带。除此之外，我们还有很多方式走近美食圈。如收看电视节目、收听广播电台、订阅美食类报纸杂志等都是我们最亲近、最方便的获取信息的渠道。以电视为例，“吃”这件事被越来越多地从餐桌上搬上了电视荧屏，不管是美食真人秀，还是美食记录片，美食类电视节目现在已成为当下电视节目的热点之一。除了上文提到的

《舌尖上的中国》，还有《一城一味》《日食记》《悦食中国》《食来运转》等，都在电视荧屏和网络上圈粉无数。

那么，在了解了美食相关的信息获取方法后，我们不仅可以随时随地进行基础的菜谱查询、餐馆搜罗，更有机会结识志同道合的吃货，了解美食、餐饮背后的秘密。爱美食，爱生活，让我们将欣赏美食、探索美食变成一种生活方式，悦吃悦健康，悦吃悦美丽吧！

房子那些事

炼就房市的火眼金睛住有所居，安居乐业，是千百年来中国人的梦想和追求。近年来，我国房地产市场发展如火如荼，五花八门的房产信息不断冲击人们的眼球，老百姓们对房市关注也越来越多，信息需求越来越强烈。不管是在星罗棋布的楼盘中挑选一处满意的居所，还是在风起云涌的楼市进行明智的投资，及时、全面地掌握房市信息对于我们来说具有十分重要的意义。那么，在纷繁庞杂的房市面前，我们该如何着手呢？下面就从信息检索的角度，教你从选房菜鸟到看房专家的蜕变之道。

（1）技能学习篇。我们在去售楼处看房的时候，经常会拿到关于楼盘的精美宣传册，售楼小姐经常会就楼盘的配套、户型、交通等进行大段的讲解和介绍。如果我们对户型、楼层、交通、配套的挑选法则了然于心，那么在令人眼花缭乱的宣传攻势面前，就能一眼看破其中优劣。因此，要炼就房市的火眼金睛，房市基本概念和法则的学习是第一步。那么，我们该如何获取这些信息呢？

第一，借助搜索引擎下的知识分享类平台，如百度知道、文库、经验，360问答、必应网典、360doc个人图书馆以及爱问知识人等。当我们尝试用常用搜索引擎进行概念搜索时不难发现，在默认的“网页”选项中，搜索出的信息前几页，知识分享类的平台占据了很大比重。那么，通过进行搜索选项的设定或者直接访问知识分享平台，我们是否能更快捷地获取信息呢？我们以必应搜索引擎为例，在“更多”中选择“网典”选项，搜索“容积率”这一概念，可以看到如下结果，除了对概念解释，还有常见热门问题的整理，便于网友们直观全面地了解容积率的相关知识。

图 4.1 必应“容积率”搜索界面

第二，借助专业房产网站，自学房产知识。目前，国内的主要房产信息网站大致包括赶集网、58 同城之类的分类信息门户，安居客、搜房网、链家、爱屋吉屋、我爱我家等中介类房产信息门户，以及大型网站下的房产门户，如搜狐焦点、凤凰房产等。这些房产门户除了搜罗了房市的各类资讯，还有房产相关的知识介绍。如搜房网的“房产快讯”“房产问答”“房产知识”，凤凰房产的资讯专栏里的“图图说房”“楼市大数据”“置业指南”等。

以凤凰房产为例，“图图说房”以漫画连载的形式进行百姓买房的相关科普，且图文并茂，生动活泼。其内容涉及选房、房屋规划和验房的方方面面，如“巧用组合贷款成就购房大业”“图大侠告诉你买房如何选地段”“二手房的过户和交割”等，图图作为虚拟的房产小博士，将房产常见疑问进行了具体而生动的梳理，方便我们快学快用房产知识。“楼市大数据”整理了楼市的各方面数据，便于消费者宏观把握楼市动向。某月的房价环比是涨是落？新发布的房产政策对市场有何影响？房产成交量的变化趋势是怎样的？房产大数据依托海量的房产数据和先进的数据处理技术，将百姓想要了解的房产动向通过互联网平台迅速准确地交互共享，便于投资者和有关机构轻松把握中国房地产市场动态趋势。

图 4.2　凤凰房产“图图说房”界面

（2）房市实践篇。在对房市信息的搜索有了大致把握之后，下一步是有的放矢，找房子。目前，国内专业的房地产信息门户都提供了楼盘的限定条件搜索、地图找房等搜索服务，不管是买房还是租房，都可以通过位置、售价、房型等条件的筛选进行目标锁定。除了门户网站找房，各类房产信息的 APP 也是我们较为常用的信息检索工具，如房天下、链家、安居客等。手机一键装载，便可以随时随地了解房产信息。

举个例子，如果想置业，但是对市面上的楼盘知之甚少，我们怎么才能快捷地找到理想的房源呢？我们可以下载房天下 APP，借助其中的“帮你找房”功能，输入区域、预算以及房屋大小等信息，便可以发送给相关的置业顾问，置业顾问接收到意向之后，便会帮助客户进行房产的搜罗。房产类网站将人的需求与房屋数据相匹配，把用户的线上服务和经纪人线下带看进行无缝连接，用大数据的方式提高效率。

如果对某楼盘很感兴趣，但是想了解该楼盘的价格走势和均价如何，或者手里有楼盘想要出售，如何专业地了解该楼盘的价格呢？ 通过搜索专业的房价评估网站，我们可以找到房价网这类评估平台。房价网作为中国首家第三方线上房产估值平台，可谓是房产大数据的先驱，为广大个人用户提供免费的在线房产评估。输入楼盘的名称和相关信息，便可以获得一份可信度较高的房价评估结果，并且，还能看到所在楼盘的较为翔实的指数趋势图，可以方便了解此楼盘近几个月的价格走势，为我们的投资或者出售提供了一份有价值的参考。

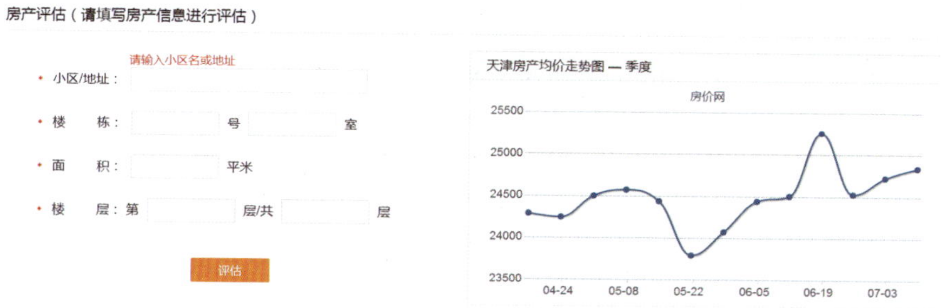

图 4.3　房价网房产评估界面

我们知道，传统二手房交易过程中，中介经纪人会将买卖双方隔离，利用信息的不对称，从中榨取利润。那么，我们如果想直接和卖家沟通，有可能么？房多多作为主打“透明”战略的房产直买直卖网站，实现了买家和卖家的直接沟通。有别于传统的房产中介交易平台，房多多仅提供全程的交易服务并确保资金安全。为了提升买房效率，一旦买卖双方存在价格分歧，平台上的置业专家可以介入并提供免费谈价磋商服务。置业专家都是资深二手房从业人员，在参考以往大量交易数据的基础上，对双方存有争议的价格进行分析，并给出相应的建议，促使双方达成交易，从而确保了这一协商过程不仅公开透明，而且更容易让双方信服。

随着网络和信息技术的不断普及，人类产生的数据量正在呈指数级增长，而云计算的诞生，更是直接把我们送进了大数据时代。随着大数据向各行业渗透辐射，不但传统行业的管理和运营思维被颠覆，房地产行业模式和管理者的思维也受到了极大冲击。从信息匹配到数据深耕，大数据在房地产行业的应用越来越广泛和深入。这一方面有利于中国房产服务业的规范化、标准化，提高了行业效率。另一方面，也对我们的信息获取能力提出了新要求。提高自身的情报素养和信息获取能力，有利于我们及时准确地了解市场动向，抢占房市先机。

（3）从零开始学装修。经过上面一番房产基本知识的学习和经验的积累，辛辛苦苦挑中理想的楼盘之后，我们的下一步就是悉心构筑一个小家。众所周知，装修对于一个家的重要性不亚于服饰对于人的重要性，营造一个温馨、舒适的小家既需要审美眼光，也需要装修的相关知识和经验。而传统的装修行业由于存在不透明、环节多、增项多、成本高、工期长、售后差等特点，使得不少业主装修超预算，且感觉劳力伤神，没有靠谱的保障。而互联网装修作为近年来新兴的产业，且具有透明、专业、流程简洁等特点，成为了家装市场上的香饽饽。那么，网络装修到底有多神奇，我们可以通过信息检索这个放大镜来了解一下。

轻松在线设计。目前，装修市场的活跃带热了网络装修市场，热门的装修网站和 APP 层出不穷。总体而言，可分为四类，即中介类装修平台（如土巴兔、齐家网）、家居电商平台（如国美家、宜家装饰设计）、互联网装修公司（如爱空间、有住）和设计师平台（如窝牛装修、Floorplans）。绝大多数的装修网站和 APP，都包括“装修案例 + 装修服务”等相关内容。装修用户可以参考网站展示的装修案例，挑选喜欢的风格，输入个人信息，在线预约设计师。

我们能否成为自己房子的设计师呢？我们通过必应搜索引擎搜索“装修 在线设计”，便可以看到可信的网站推荐。代表性的是酷家乐，借助这个网站，我们不仅可以在线进行绘图工具、设计理念的学习，而且可以自助完成户型图绘制，获得免费户型风水报告、户型改造建议，掌握色彩和风格的搭配技巧。不仅免除了人力，节省了开支，而且能自己动手，轻松 DIY 。

在线找装修团队。装修是个大工程，尤其是对于初次装修的人来说，更是一头雾水。选择专业、负责的施工团队是关乎装修成败的决定性因素。那么，如何在鱼龙混杂的装修市场找到一支靠谱的装修团队呢？没有朋友介绍，又不了解本地行情的情况下，信息检索可以为你支招。

第一，借助上述的专业装修网站和 APP，一站式搞定装修。第二，访问本地信息门户，如 58 同城和赶集网，都有装修相关专栏，58 同城还有专业的装修门户 58 装修。通过查询这类门户网站，我们可以获取所在区域的装修公司的相关信息，在线筛选装修团队。第三，通过搜索类引擎进行关键词检索。我们可以发现一些专业的互联网装修施工平台，如抢工长、好工长等，通过业主与工长的对接，进行互联网透明监管，帮助业主降低装修费用。

（4）装修验收有宝典。装修大功告成之后，我们将如何验收呢？如果聘请专业验房师恐怕价格不菲，自己做又担心经验不足有所疏漏。那我们能否通过网络获取一部验房的“葵花宝典”呢？通过搜索“装修 验房”，我们可以看到各平台或网站或简或繁的关于验收注意事项的介绍，然而，有没有官方发布的权威文件呢？通过检索，我们可以发现如下标准：《住宅装饰装修工程施工规范 GB50327-2001》《建筑装饰装修工程质量验收规范 GB50210-2001》以及《住宅室内装饰装修工程质量验收规范 JGJ/T 304-2013》，分别由国家建设部、住房城乡建设部等发布，将装修的验收条目进行了完整、全面的梳理。水电改造的标准是怎么样的？地面平整度的误差范围是多少？我们可以通过在线查看或者下载文档，参照验收标准现学现用，自己进行房屋装修验收。

在了解了这些装修相关的信息检索知识之后，是不是成竹在胸了呢？巧用网络、巧查信息，挖掘互联网的资源，相信信息检索一定会给我们的生活带来诸多便利。

借问酒店何处有

我们常言的衣食住行中的“住”，不仅仅包括我们日常生活起居的“家”，也包括我们出门在外的栖身之所。安静、舒适、温馨的住宿对于一段美好的旅程来说是不可或缺的，也是我们旅行记忆的一部分。正如每个人有不同的出行目的，大家对于酒店的需求与选择也各异。比如，因商务活动出差的白领倾向于商务型酒店，出游度假的观光客倾向于观光型酒店，文艺范背包客更青睐青年旅社等，因此熟练的酒店类信息查找技能必不可少。掌握了快捷查找酒店的技巧，我们不仅可以住得舒心，还能住得实惠。

前面 “食”的章节的第二部分，我们对出门在外寻觅美食的一些网站进行了相关介绍。同样，我们也可以借助本地搜索门户（如大众点评，美团、百度糯米）和专业旅游网站（如缤客、携程、去哪儿网、途牛等）进行酒店类信息的查找。相对于本地搜索门户，专业旅游网站在酒店的选择上更为丰富，以去哪儿网为例，除了普通的酒店检索外，还有客栈民宿、高端酒店、会场预定等选项，可以满足不同人群的出行需要。那么，除此之外，还有哪些查询酒店的技巧和工具呢？

寻找全网最低价。如何能花最少的钱享受到同样的服务，这个问题是大家都关注的。在外寻找酒店，有时候我们经常要对比好几个网站，进行一番价格对比。那么，有没有什么工具能让我们省心省力地找到全网最低价格呢？通过搜索引擎中输入“酒店 比价”的关键词，可以看到相关网站的推荐，比较代表性的是“优栈”和“比驿”，以优栈为例，它囊括了大量国内外知名的酒店预订网站，如 Booking.com（缤客）、Agoda（安可达）、Hotels.com（好订网）以及中国本土的携程、艺龙、同程旅游等，通过罗列同一家酒店在不同网站的报价，快捷帮助顾客做出最理想的选择，并可以一键链接至预定网站。我们可以通过电脑、手机 APP、微信公众号等多种方式进行酒店比价，省时省力。

图 4.4 优栈网比价界面

巧租房深度游。目前，除了我们常规的观光出游，深度游作为一种新型的旅游方式走进大众视野。不同于传统的走马观花式地逛景点，深度游着重对于旅行目的地风土人情的体味，这就带热了不同于传统酒店的新型旅游住宿的市场——短租房。加之传统酒店整齐划一的布局和流水线般的服务模式，愈发不能满足游客旅行观光的个性化需要，因此短租房、民宿受到了越来越多观光客的青睐。那么，如何巧妙寻找一处满意又实惠的短租房呢?

第一，可以借助本地信息门户，如58同城和赶集网旗下的房产门户，进行短租房的查找和筛选。第二，可以在必应搜索引擎中通过限定关键词查找，如“短租网站”便可以看到短租网站的推荐。比较代表性的是Airbnb、小猪短租、蚂蚁短租，木鸟短租、途家网、游天下等、Airbnb作为全球性的旅行房屋租赁社区，租赁范围覆盖全球，除提供房屋租赁服务，还包括旅行故事分享、志愿者体验等丰富内容。国内新兴的短租门户，如蚂蚁短租，通过规范的房源审核、第三方资金监管、赠送租客保险等方式，保障了租客的权益和服务的质量。

由此可见，掌握了信息检索这门独门秘籍，我们不仅可以方便快捷地在陌生的旅行城市找到高性价比的住所，还可以依据个人喜好，定制一段与众不同的旅行体验。秘籍在手，让我们放心地畅游天下吧。

4. 心动不如行动

随着人工智能、云计算、大数据“三位一体”模式的快速发展，人们的衣、食、住、行也变得更加便捷、轻松。只要拥有电脑和手机等，就可以足不出户，轻轻松松地解决我们的穿衣、吃饭等问题，就连我们的出行也变得更加便捷。2016年，第三届世界互联网大会提出了“互联网+出行”的理念，“互联网+出行”将传统的交通运输业与互联网深度融合，打造“智慧出行”新模式，让人们实现智能出行、快捷出行、方便出行。心动就行动，通过学会出行信息的检索和掌握智能交通软件，让出行变得更酷、更潮，让我们随时随地制订适合自己的出行计划，让我们去感受不同城市的风景，了解不同城市的风情。

日常交通出行

随着我国城市化发展的加快，城市的规模不断扩大，导致城市居民出行距离不断增大，出行时间不断延长，居民出行活动形式也日益多样化、复杂化。出行的目的也分为工作及日常生活出行和休闲娱乐出行。其中工作和日常生活出行在我们生活中占很大比重，如何在紧张忙碌的行程中，选择快捷、高效的出行工具，是我们每个人都会遇到的问题。下面就给大家介绍几个常用软件，以期提高出行的效率。

（1）对于经常选择绿色出行的人群，大家都经历过在公交车站“望眼欲穿”

的等待与煎熬，无论酷暑还是严寒。如何解决这个现状呢？如何查询实时公交信息呢？实用的公交 APP 例如车来了、掌上公交、爱帮公交等手机 APP 就可以帮我们解决以上问题。此外，实时查询公交可以提供离线数据下载，实现“零”流量的实时公交查询，让我们随时把握行程，实现轻松、便捷的出行。另外，微信小程序中也有车来了、滴滴公交查询等程序，不用下载安装任何软件，只需在微信平台的小程序界面搜索即可使用，不占内存，省掉了去文件夹中找相应软件再打开的过程，非常方面。

实用公交 APP，可以查询公交车实时位置，不仅能提供公交车的到站距离、预估到站时间，还能显示整条公交线路的通行状况，为我们公交出行节省时间。同时，APP 软件可以自动定位我们的位置，自动定位周边的站点，按照距离远近排序，分列表和地图的两种形式，并可查看经过各站点的所有线路。

如果我们到了不太熟悉的地方，可以进行线路的规划，添加自己的位置信息和要去的地方的信息，智能 APP 就可以为我们推荐最优的线路。同时，还可以通过 APP 设置车辆到站提醒，车辆到站后，手机自动提醒，不会因忙于享乐、不熟悉站点或太过疲惫而过站。随着互联网的快速发展，交通大数据的分享，智能公交 APP 已经覆盖全国多个城市，完善的体验与服务实现了我们的智慧出行。

（2）公交不准时、自驾遇堵车等情况时有发生，使得轨道交通地铁成为我们生活出行中必不可少的交通工具。地铁速度快，不堵车，是我们绿色出行首选的交通工具。但是有时候我们不清楚地铁线路怎么办？如何才能轻松掌握地铁的搭乘呢？拿出你的手机下载地铁 APP 软件，就能让你方便知道怎么换乘、转乘，还能清楚地了解到地铁的首班、末班时间。地铁通、中国地铁通、北京地铁通、上海地铁通等 APP 覆盖全国多个城市甚至日本、韩国、伦敦等城市的地铁线路，同时提供英语、日语等语言支持，让我们的出行更加畅通无忧。

图 4.5 地铁通 APP 示例

智能的地铁 APP 是地铁旅游的利器。安装地铁 APP，到达出行的城市以后，就可以查看该城市的地铁线路图、各条地铁线路的站点信息，同时可以轻松获取最优化的线路指引、换乘规划、准确的乘车时间。

通过每个城市交通云平台的大数据共享，地铁 APP 不仅仅局限于线路查询的功能，更有美食、旅游等生活信息的查询功能，为出行带来了便捷，实现了智慧出行。

（3）网约车。网约车是通过网络预约出租汽车的简称。它是出租车构建多样化服务的体现，根据出行需要，可以预约车辆进行上门接送，方便人们的出行，特别是老年人和病人，实现了他们的无忧出行。目前，常用的几款租车软件主要有滴滴出行、嘀嗒拼车、易到、神州专车等软件，可以根据不同需要选择不同的约车方式。

通过“互联网 + 交通”大数据智能分析技术，网约车的 APP 可以实现实时定位，一键叫车，可以根据出行需要选择专车、顺风车、出租车等不同业务，输入目的地，还可以显示达到目的地的车费金额，便于方便、快捷、经济地出行。

图 4.6　滴滴出行 APP 示例

网约车 APP 为日常上班族提供了便捷、实用、安全出行的平台。开车时，我们可以分享车辆的空余座位，在上下班的途中搭载顺路的乘客。不开车时，我们可以寻找与自己上下班顺路的车主，坐上顺风车。随着拼车行为的日渐流行，交通拥堵、限行带来的不便以及公共交通工具拥挤等问题都得到了缓解。

（4）自驾出行。私家车在中国的普及率从小区里、单位里日益紧张的停车位就可以略见一斑，从私家车的遥不可及到现在的摇号限购见证了我们生活水平提高、物质需求提升的过程，那么有了车是否就可以行走天涯了呢？我们还需要详细地了解汽车特点、驾车路线、目的地车况等相关信息才能做到出行无忧，想走就走。

对于汽车相关的信息我们可以多多关注汽车网站，根据自身需求，从汽车的报价、配置、评价到汽车性能、保养、维修等多角度了解，做到心中有数，专门的汽车网站数不胜数，我们可以利用搜索引擎进行检索，也可以利用网络导航进行浏览，下图即为网络导航的汽车网站列表。

汽车之家	新浪汽车	爱卡汽车网	搜狐汽车	车讯汽车网
太平洋汽车网	网上车市	易车网	腾讯汽车	网易汽车
汽车之友	凤凰汽车	58车	万车网	汽车口碑网
汽车新闻资讯	优酷汽车视频	第一车网	中国汽车消费网	汽车图片大全
新车评网	汽车探索	车问网	SUV汽车网	联合越野
车主之家	汽车画刊网	购车网	车多少网	车云网
好车无忧	网通社汽车			

图 4.7 hao123 汽车咨询网址

自驾车与公共交通最大的不同就是需要自己掌握出行路线，在我们不很熟悉的地方想要少走弯路，在雾霾天能见度低得无法前行时，地图导航绝对是必备神器。我们可以利用百度导航、高德导航、腾讯地图、悠悠导航、图吧导航等手机应用，按照语音提示便可以顺利到达目的地，这些工具不但可以保证我们选择最佳路线，安全快捷地到达目的地，还能够提示路上的指示灯、限速路段、目的地附近的停车场、周边餐饮娱乐、金融银行、优惠打折、购物逛街、娱乐健身、生活便利以及房地产分类信息，让我们轻松查找想要的各类资讯，是每个司机必装的实用工具。

另外，我们自驾出行都是为了更加方便快捷，可是如果遇到堵车的路况，无论什么交通工具也是望尘莫及的，为了避免遭遇堵车，我们可以利用实时路况软件预知前面路段的交通，及时做出路线调整。搜狗路况导航、易路通、高速路况实时查询软件、掌路等都是比较好用的路况预知应用。

（5）汽车租赁。由于日常生活出行和工作出行的需要，人们对汽车的依赖性越来越强，但是“买车容易养车难”，于是，汽车租赁日益受到人们的青睐。租车以后，可以将买车、养车、年检、违章事故等事宜交给汽车租赁公司，而把主要财力和精力放在自己的主业上，租车公司可以根据我们的要求，提供合适的车型和全方位的服务。例如神州租车、一嗨租车、易到用车等租车公司借鉴国际成熟市场成功的汽车租赁模式，并结合我们的消费习惯，提供短租、长租及融资租赁等专业化的汽车租赁服务，以及 GPS 导航、道路救援等完善的配套服务。特别是专注商务领域的易到用车，租车后可以为用户配备 5 年以上商务服务经验的驾驶员，免费赠与“易到安心意外险”，为我们提供安全放心的专享配驾服务。

无论是我们接机、送机、随意行，还是商务活动的会议用车、晚宴接待、礼宾车，都可以通过下载移动端的 APP 进行租车服务定制，实现轻松出行。

总之，随着我国国民经济的飞速发展，城市中交通拥堵、空气质量恶化等问题的出现，实现绿色出行，是我们每个人都要提倡和履行的责任。通过使用公交 APP、地铁 APP 和网约车服务方式，不仅有利于环境的改善，更是优化了社会资源配置。

休闲娱乐出行

有人说，“人生至少要有两次冲动：一场奋不顾身的爱情和一段说走就走的旅行”， 我想在每个人的青春年岁里，都曾有过一段关于旅行的憧憬。在这里，我们就教会大家如何利用网络和各种手机 APP，制订个性化的旅游行程。让我们背上简单的行囊，踏上旅程，走过一个又一个陌生的城市，去感受旖旎的自然风光，绚丽的民族风情，悠久的历史文化。

（1）旅游攻略。在“互联网 + 旅游”的时代，人们为了获得更好的旅游体验，会自主制订自己的旅游路线、旅游方式等，那么该如何从旅游情报、网络获取包括景点、交通、饮食、住宿等各方面资讯呢？“心若自由，行必无忧”，这里建议大家在出行前，先做一份详细的旅游攻略。比如想去黄山，大家首先可以在综合的搜索引擎上例如搜索“黄山旅游攻略”，就可以得到各个网站关于黄山的旅游攻略。

此外，随着旅游业的发展，专业的旅游门户网站也为我们提供了方方面面的旅游咨询，我们可以在旅游门户网站如携程、途牛、去哪儿网等网站的攻略频道查询相关的景点资料。

旅游攻略是游客在旅行中点点滴滴的分享，从中可以获得对我们了解当地的风土人情、人文历史以及注意禁忌，更好地制订我们的出行计划。UGC（用户创造内容）、旅游大数据、自由行交易平台使得“蚂蜂窝”网站的旅游攻略略胜一筹，如果我们是自由行，那么可以在“蚂蜂窝”上找到全球 60 000 个旅游目的地的旅游攻略、旅游问答、旅游点评等资讯，以及酒店、交通、当地游等自由行产品及服务。同时数千万用户真实分享的海量旅游景点图片、游记、交通、美食、购物等点评信息可以帮助我们做出最佳的旅游消费决策，获得高性价比的自由行产品及服务。

如果你喜欢出境游，需要更为详细的攻略指导，十六番是一个不错的选择。十六番是一个专注出境游的在线旅行社区，它有最新的自助游攻略，最佳自助游线路推荐，在线解答旅行交通、美食、住宿等问题。

（2）票务信息。制订好旅游路线，就开始我们的快乐旅行吧。“互联网＋出行”是交通资源大数据资源共享的体现，通过网络或APP，实现“足不出户”的订票服务。

“工欲善其事，必先利其器”，打造智慧出行模式就要有“智慧出行”平台。铁路运输部门打造的12306网站就是一个很好的智慧平台。通过这个平台我们足不出户就能查到所需要的票务信息，不用再起大早、排长队、冒严寒、顶酷暑去车站窗口购票。在注册账号——登录——查询车次——提交订单付款之后，就可以在出行当天，凭身份证自助取票，给我们出行提供了极大便利。

图4.8　12306官网购票页面

我们也可以使用Google、百度、搜搜、搜狗等一些综合性的搜索引擎，直接检索关于机票的关键词，例如特价机票、免费机票、0元机票、免费往返机票等。我们可以得到打折机票的信息，根据自己的行程安排，提早预订机票，经济而实惠。

作为国内各大旅游门户网站，订票业务是其工作的重要组成部分。在携程、途牛、去哪儿网等网站上，设有机票、火车票、汽车票、门票等频道，使得出行中的订票更加方便、快捷。根据我们出行的需要，选择好交通工具，点击相应的频道，确定出发地和目的地以及出行日期，就可以查询机票、火车票以及汽车票的票务情况，然后选择最佳的出行方案。例如，查询天津——上海的机票，选择好机票并付款后，就会接收机票信息的短信提示，出行当天，凭身份证就可以到机场取票。

（3）酒店住宿。外出旅游，如何住得经济、舒适、放心？那可是一门大学问。在我们规划好旅游行程后，就可以确定住宿地点。对于住宿酒店的预订可以通过各大旅游门户网站的酒店频道进行选择，根据出行需要，可以预订酒店、客栈或民宿等，满足不同的需求。

图 4.9 去哪儿网酒店预订页面

此外，我们可以通过专业的酒店预订网站为我们的出行安排好住宿。网上住宿专业预订公司不得不提 Booking，它是目前全世界最大的网上住宿预订公司，国际化的经营理念，支持 40 多种语言，包括 227 个国家和地区的 96 748 个目的地的 554 628 家度假屋，下载 BookingAPP，动动手就可以预订世界各地、各种类型的住宿。在 Booking 上，我们还可以找到各种类型住宿的最优惠的价格，不仅有小型的家庭经营住宿加早餐旅馆，也有五星级豪华酒店，实现了自助式住宿的选择。

因为每一个人的每一次旅行都是为了获得不同的旅游体验，旅游住宿方面的独特体验更是不可缺少的，Airbnb 就为我们提供了这样的服务。Airbnb 是一个值得信赖的社区型市场，在这里我们可以通过网站、手机或平板电脑发布、发掘和预订世界各地的独特房源。

在 Airbnb 上，我们可以找到适合沙发客的经济住宿，租下整间公寓独享个人空间，带上朋友和家人包栋海岛度假屋，甚至预订树屋、灯塔、游艇、城堡、房车实现独一无二的住宿体验。

（4）其他旅游小贴士。大家都知道，出门旅游著名的景点门票也是很紧张，有时到了景点，门票却卖完啦，让人苦恼。不过，这也难不倒我们，首先，出行前我们可以使用 Google、百度、搜搜、搜狗等一些综合性的搜索引擎，直接检索关键词“门票 + 景点”，从而可以检索到各个旅游门户网站的景点门票的信息。其次，各大旅游门户网站都有门票频道，我们可以直接搜索目的地的景点门票，并且还能促销打折，既经济实惠又方便快捷。

5. 万事早知道

互联网快速发展，给人类生产生活带来深刻变化。依托人工智能深度学习功能、大数据积累及内外部资源合作，基于互联网的信息搜索及查询涉及出行、消费、娱乐、政务办理等多种领域。会搜索才叫会上网，信息搜索与查询在我们日常生活中的地位已是举足轻重。我们可以通过掌握信息搜索的技巧，在浩如烟海的互联网信息中找到自己所需的信息。我们可以根据自己所需要的信息设置“关键词”，如天气、违章、寻人等，并在众多搜索结果中进行筛选，直到查到满意的搜索结果。

（1）查天气。在日常生活中，天气的信息与我们的生活息息相关，无论是我们上班出行还是旅游休闲出行，都需要掌握准确的天气信息，为我们出行做好充分的准备。

首先我们可以通过通用的搜索引擎，像百度、搜狗等，输入关键词“地名 + 天气”，就可以实现一键式的天气查询，直接了解目的地的天气情况。

图 4.10　综合搜索引擎天气检索结果

其次，我们可以登录关于天气的专业网站，进行天气的查询，比较常用的网站，如：中国天气网和中国旅游天气网。其中中国旅游天气网实现了旅游、气象两部门优势资源的整合，重点围绕旅游出行便利、旅游安全保障、旅游气象资源推介等，为社会公众、旅游行业管理部门、旅游景区、旅行服务机构，提供精细化、个性化的旅游气象服务产品和气象灾害预警预报信息。其中景区天气频道研发了适用于景区的特色服务产品，不仅包括精细化气象预报，还包括景区周边交通路线服务、景点景观预报、旅游推荐和注意事项等。

如果我们想知道分钟级、千米级天气预报，以及实时空气质量、雨雪预报，那么建议大家下载安装关于天气的 APP，它可以让我们随时随地掌握天气信息，帮助出行做好决策。使用频率较高的 APP 有墨迹天气、360 天气、天气通、最美天气等。

大数据分析和云计算的结合，使得天气智能 APP 能更及时、准确地发布天气信息。同时天气背景实景化，并呈现阴晴雨雪的动态背景，给了我们更直观的天气呈现。我们还可以通过 APP 查询吃、喝、玩、乐等生活信息，穿衣指数、洗车指数、运动指数、紫外线指数等生活指数的发布，让生活更方便。

雾霾天气近几年在我们生活中经常发生，现在我们国家已经将雾霾天气作为灾害性天气现象进行预警预报，“雾霾”成为我们每一年的年度关键词。每次雾霾天气发生，雾霾中的有害物质给气候、环境、健康、经济等方面造成显著的负面影响，例如引起城市大气酸雨、光化学烟雾现象，导致大气能见度下降，阻碍空中、水面和陆面交通，使慢性病加剧，使呼吸系统及心脏系统疾病恶化，影响生殖能力、改变人体的免疫结构等。

随着最近 PM2.5 屡次爆表的雾霾天气增多引发了大家对环境问题的极大关注，对于我们来说，对 PM2.5 、PM10 等内容的了解需求显著增强。雾霾天气，我们如何选择外出时间以及外出的“装备”呢？带有 PM2.5 、 PM10 预测功能的 PM2.5 预报雾霾、360 空气卫士等天气预报 APP 可以帮我们解决以上问题。

总之建立在“互联网 +”基础上的“天气 +”，以气象大数据为基础，将天气作为入口，向我们提供了更多生活化、场景化的服务，为我们的生活带来了便捷。

（2）查交通。私家车的普及和交通、天气状况的不尽如人意，使得限行、违章等信息对人们的约束越来越严格。那我们如何利用网络和智能 APP 及时掌握这些信息呢？

查车辆违章时可以通过以下几种途径：①通用的搜索引擎，像必应、百度、搜狗等综合性的搜索引擎，在检索式当中输入“车辆违章”（或直接搜车辆违章 XX 地），进入查询系统（就是各地的公安交警网）进行查询；②通过专业的交管平台来查询，例如交管 12123，在平台实名注册开通账号后，可享受管理平台提供的违法处理和罚款缴纳、驾考和车检预约、出行信息、业务咨询等服务；③在 hao123、360 导航等综合网站和太平洋汽车、汽车之家等汽车专业门户网上，“实用查询”频道也可以进行相关信息的查询；④专业的查询网站查询网（IP138.com）和手机智能 APP 更能让我们快捷、方便地查询信息，查询网是一个综合信息的查询网站，我们可以根据需要，进行车牌信息、车辆违章信息查询；⑤手机 APP 中例如车轮查违章、58 违章查询，也是我们开启掌上生活的重要平台。我们可以随时随地、方便快捷准确地查询自己车辆的违章情况，同时还可以查询附近的违章高发地，对周围的违章状况了如指掌，帮我们远离罚单。此外，APP 中还提供每日天气及洗车指数，实时路况等生活信息，让我们的生活更方便、更快捷。当然，说了这么多种查违章的方法并不是鼓励违章，我们在驾驶中还是要遵守交通规则，安全驾驶，时刻提醒自己小心驾驶。

目前，我国已有北京、天津、上海、成都、杭州等城市实施机动车尾号限行措施，具体限行时间、路段、号码等方案及违限惩罚措施也都不太一样。此外，还有部分城市会根据天气状况临时发布机动车单双号限行信息，这些信息的详情可以直接在搜索引擎中搜索，或者进入当地交管部门网站查询获知，总之及时通过检索获知限行信息并按规定执行，不但可以避免车主遭受经济处罚，更能体现民众对政府政策及环境保护的支持。

（3）查百科。互联网带给我们极大的便利，足不出户就可以找到对自己有用的信息，人们每天在互联网搜寻着与生活相关的大量信息。生活百科信息庞杂，如何快速、准确地查询呢？下面给大家介绍一些综合性网站导航的实用查询功能，如 hao123、2345 网址导航、360 导航等都有查询功能，它们将生活中的百科知识分类，我们可以根据自己的需要进行相关信息的查询。

（4）查热点。随着“互联网 +”时代的到来，信息搜索功能也由传统向现代化发展。网络信息搜索在互联网综合搜索引擎（百度、必应等）搜索的基础上，通过人工参与来提纯搜索引擎提供的信息，强调搜索过程的互动，通过人与人的沟通交流寻求答案。

社会的敏感事件、热点人物通过网络这个大载体和成千上万的用户的参与，从不同途径对同一个事件或人进行搜索挖掘，从而很快获取关于事件和人的一切信息。人多了，点子也就多了，知道的信息也就越多了。例如，如果有孩子走丢了，大家可以利用在网上发贴的形式把孩子的信息公布在网上，运用网络的力量搜索孩子的相关信息，帮助家长和警方将孩子找回来。除此之外，一些犯罪嫌疑人的信息也可以通过网络搜索向公安机关提供关于犯罪嫌疑人、证人等的信息，帮助警方尽快破案。一般来说，我们检索社会热点问题可采取以下几种方式。

首先，我们可以利用百度等超强的搜索功能，不断地变换输入关键词，进行网页搜索，输入想要查询的人或事件的信息，进行收集。

其次，我们可以进行问答式搜索。这类搜索强调与人的互动，通过问答的形式，比如在知道、问问等互动式的栏目中进行搜索。提出问题后，其他网民以自己的

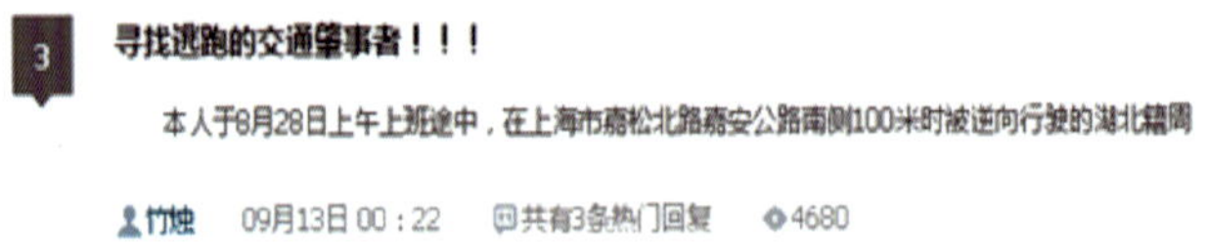

图 4.11 猫扑论坛发帖示例

专业背景、亲身经历来回答问题。这样搜索的时间会比较长。

论坛式搜索是参与度较高的搜索方式，通过在一些常用网站上发帖进行信息查询和收集，如天涯社区、猫扑大杂烩、新浪论坛等。如果想要找人，可以在论坛上发帖，给点线索，论坛的广大用户会帮你找出相关的信息。

任何事情都有两面性，另一方面，大数据的共享和使用，使我们快捷、方便地查询我们需要的信息；但另一方面，信息的共享和公开，降低了我们的安全感，会对社会的安定造成一定的影响。因此，我们在享受人工智能、云计算、大数据给我们带来的便捷生活外，也要采取认真、谨慎的态度，科学检索我们需要的信息。

（5）查新闻。新闻记录了社会方方面面，反映了时代发展的信息，它通过报纸、电台、电视、网络等多种媒体途径进行传播。新闻本身来源于生活，它又时时刻刻影响着我们的生活。我们每天可以通过各种新闻媒体了解政治、经济、生活、娱乐等方方面面的资讯，特别是互联网的快速发展，我们可以足不出户，便知天下事。人们通过互联网更主动、更便捷和最大限度地获取新闻资讯，从而提升自己生活的品质。那么我们如何通过网络检索自己需要的新闻资讯呢？我们在百度、搜狗等综合搜索引擎上直接检索“新闻”，就可以获知多个新闻网站，也可以在网址导航中进行选择。

获知了众多新闻网站后，我们可以选择其一进入网站，一般重要的新闻都会在网站首页显示，且绝大多数重要新闻都会出现在各媒体之上，用户只需按照自己的阅读习惯进行选择就好。以上是获取新闻网站的方法，如果用户针对某一方面的新闻有深入了解的需求，我们也可以直接在搜索引擎中键入新闻关键词，如果我们掌握某一类的新闻资讯，例如我们想了解股票方面的知识，可以直接在网页地址中检索结果。设置关键词“inurl:xinwengupiao”“inurl:xinwen 股票”或“股票 inurl:xinwen”直接检索，从而快速、准确地查询关于股票的新闻资讯。

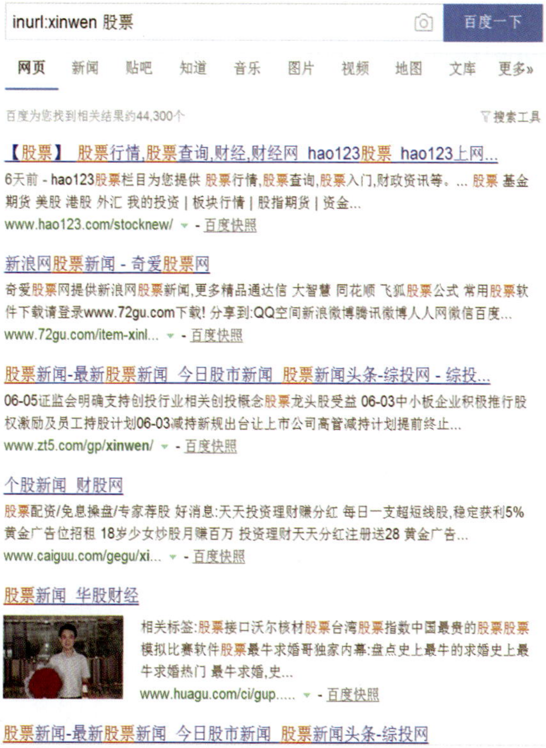

图 4.12 “inurl:xinwen 股票”的检索结果

另外，我们使用垂直引擎检索，直接在综合引擎搜索关键字“新闻搜索引擎”，就可以得到新闻搜索引擎的索引页面，例如百度新闻搜索、搜狗新闻搜索、搜搜新闻搜索、360 新闻搜索等新闻类专业搜索引擎可以监测和收录重要新闻网站、地区信息港以及其他重要新闻信息源的新消息，向我们及时提供最新的新闻资讯。此外，新闻专业搜索引擎还可保留近期的新闻，保障了信息储备的丰富性。而将所有信息进行相关度排序，使最有可能满足用户需求的查询结果排在最前，这就提高了我们检索新闻的命中率。

总之，基于互联网的信息搜索针对不同人群的生活重点，搜索结果呈现结构化、个性化的特点，并有机整合成为一个服务链条。以人工智能技术为基础的服务推送及交互方式，使得各种信息工具蜕变为人们的生活管家，让用户真正享受智能时代所带来的便捷、高效的服务。

二、购物休闲信息（网购、休闲、社交）▶▶▶

1. 教你精明买买买

随着中国经济的发展和互联网的普及，中国消费者的消费模式发生了很大变化。与出门走进商场、超市购物相比，我们越来越习惯在家“逛网站”，通过电脑、平板或手机等媒介，轻轻松松浏览海量商品，并且不受时间、地点限制随时随地购买。有数据显示，2011—2015 年，网购用户在整体网民中的占比逐渐提升，2015 年更是达到了 60% 之多。可以说，网络购物已经走进了千家万户，网购的内容也是无所不包。每年的“双十一”，更是由一个平常的日子发展成了全民狂欢购物节，而每年的狂欢节，都会刷新成交量，这显示了中国网络购物市场的巨大潜力和吸引力。

随着网络购物市场的日益扩大，我们越来越容易在网上买到物美价廉的商品，同时买到假冒伪劣产品、遭遇网络诈骗的风险也在增加。网购似乎是动动手指就能完成的小事，但是如果不掌握常用的搜索小技巧，我们购物的时间成本和精力成本都会增加，而且也难以买到更加称心如意的商品。接下来，我们就从信息检索的角度，来讲讲网络购物那些事。

网购去哪逛

说到网购，很多人脑子里立马浮现出“淘宝”两个字，淘宝是中国最大、最全的网购零售平台，拥有十亿在线商品、五亿注册用户，经营商品小到日常百货，大到家具家电，淘宝网包罗万象，满足着我们各种类型的购物需求。淘宝之外，我们常用的购物网站还有京东、当当、亚马逊、苏宁易购等。随着互联网购物的发展，购物网站也如雨后春笋般蓬勃发展起来。然而，在这么多的选择面前，当我们想要购买某一品类的商品时，该去哪里逛，也成了一个常见的问题。根据提供的商品的性质，我们试图将购物网站进行如下分类。

（1）综合百货类网站。我们常用的淘宝、天猫、京东、当当、1 号店、亚马逊便是这类，这类网站经营商品包括服装、母婴、图书、食品、家电、家具、数码通讯等，具有商品种类齐全、市场份额大、成交量高、影响力大等特点。

（2）专业类网站。专业类网站专注于提供某一个行业的产品销售服务。如我们日常生活中，买酒去酒仙网，买包去麦包包，买化妆品去聚美优品，便是这种例子，这类网站因专注于某一类产品，因而具有货品丰富全面、更新速度快、服务专业等特点。目前，不少专业类网站有了扩大经营范围的趋势，产品类别不仅限于一种。

（3）折扣类网站。近些年，折扣类网站越来越受到大众欢迎，这类网站因及时、全面地汇集了各类商品的折扣信息，便于消费者方便快捷地买到折扣商品而广受青睐。代表性的网站有聚划算、唯品会、折 800 等。

（4）OTO 线上服务类网站。“OTO”是“Online To Offline”的简写，即“线上到线下”，OTO 商业模式是把线上的消费者带到现实的商店中去，在线支付购买线上的商品和服务，再到线下去享受服务。一些传统企业为打开线上销售渠道，借助第三方平台或建立自有平台，试水网络购物，以整合渠道、完善产业布局。如国美在线、苏宁易购、王府井百货等。此外，一些常用的团购网站如美团、百度糯米，旅游网站如携程，以及淘宝外卖、京东到家等我们日常用的生活服务类的网站都是 OTO 的例子。

（5）海淘类网站。海淘网站与一般国内购物网站的区别在于产品类别为海外商品，物流为国际货运。通过海淘网站购买海外商品，获得较低折扣，且保证正品，对于爱好购买海外产品的消费者来说很具有吸引力。较常用的国外海淘网站有：美国亚马逊、ebay、日本亚马逊等。目前，国内也有一些专做跨境业务的电商，如天猫国际、考拉海购、洋码头等，相比国外的海淘网站，具有沟通方便、支付安全、物流快捷等优势。

以上对常用的购物网站进行了大致的分类，当我们在选择去哪个网站购物的时候，可以根据自己的需求进行定位。举个例子，如果想趁着美国“黑五”活动期间买个 coach 包包，我们可以去海淘网站直接下单，这样，就比从国内商超买优惠很多。再比如，我们想了解某品牌的家电，可以去苏宁和国美的实体店体验一下，然后对比线下线上价格，选最优方案再购买。这样既享受了线下的服务，又享受了线上的价格。

购物一点通

大家知道，我们网络购物的初衷一部分就在于实惠。相比实体店较高的运营成本，网络购物因方便、快捷、价格低廉而广受欢迎。然而，同一件商品，在不同的网站，或是不同的商家店里可能标价千差万别。而了解了网购的一些检索小技巧，可以帮我们轻松节省时间和金钱。淘宝作为最大、最成熟的零售平台，是我们日常购物最常去的地方之一。因此，我们将购物技巧分成两个部分进行介绍，首先介绍使用淘宝的小技巧。第二部分介绍我们在日常购物中的省钱小贴士。

（1）教你如何用淘宝。

第一，巧用搜索功能。当我们进行商品搜索时，可以选择关键字搜索，或者图片检索。①关键字搜索：首先应按照之前介绍的检索技巧，搜选取恰当的关键字和符号来进行搜索限定，如“白色 蕾丝 连衣裙—短袖”。②图片检索：在搜索框的最右边，点击小相机的图标，便可以上传图片（手机版淘宝支持拍照和商品扫描），寻找淘宝上类似的服装。

关键字搜索之外，我们可以借助淘宝强大的分类筛选功能，通过品牌、选购热点、裙长等限定条件，进行更进一步的精细查找。搜索结果呈现之后，我们还可以依据个人的购物倾向，将所有商品按照人气、销量、信用、价格等进行排序。

在默认的“所有宝贝”搜索界面右边，我们还看到其他检索栏目，如“我的搜索”，“我的搜索”是淘宝基于大数据技术为顾客定制的专属检索结果。淘宝大数据可以记录个人的消费数据以及个人的很多详细信息，这为精准营销或者后续的产品推介提供了更多可能。例如，你经常买某店婴幼儿的产品，那我可以推断你再次购买婴幼儿产品时或许也会倾向这一家。如此一来，便可以根据顾客的需要和喜好精准定位需求。如我点开“我的搜索”，便可以看到淘宝对于我的搜索结果根据我的购物数据进行了优化调整。一般情况下，第一行是我购买较多或者收藏过的店铺，根据我的购买喜好进行店铺商品的展示。再往后，是好评较多、回头客较多的店铺等。甚至还可以再次缩小搜索范围，选择右边“从购买过的店里找”“从收藏过的店里找”“从黄钻爱买的店里找”等，进行进一步细筛。这样一来，比起大海捞针地挑选自己心仪的商品，淘宝已经为我进行了较为贴心的筛选，为我的购物提高了效率。

不仅如此，点击“我的搜索”右侧的“今日发现”即“惠发现”，呈现的又是一种检索结果。“今日发现”展示了今天在淘宝或者天猫平台上大家付款购买的相关连衣裙，同时展示了一些消费者反应好的、有特色的、有个性的商品。这也体现了平台的智能挑选功能，帮助我们和千万买家一起挑选商品。

第二，巧找同款、相似来对比。

我们搜索完毕，浏览商品时，对于感兴趣的商品习惯性地点开看具体内容。那如果我们对这件商品很感兴趣，想了解淘宝上同款或者相似的服装，怎么进行查找呢？淘宝平台贴心地为我们解决了这个问题。当我们把鼠标放在搜索出的商品主图上，便可以看到“找同款”和“找相似”两个隐形搜索功能。这是淘宝利于数据挖掘和人工运营技术，按照商品的主图、商品标题及商品属性等，进行同款或者相似产品的收集和匹配，这样一来，我们不必自己辛辛苦苦地在海量商品中费力寻找相似产品，一键就可以货比三家。

以这件羽绒服为例，我们借助“找同款”功能，可以将淘宝网上同款或相似的衣服一网打尽。将同款或者相似的服装进行对比，找到最实惠的价格、最靠谱的卖家，从而按照个人意愿选择价格低、信誉高或款式更合适的宝贝。

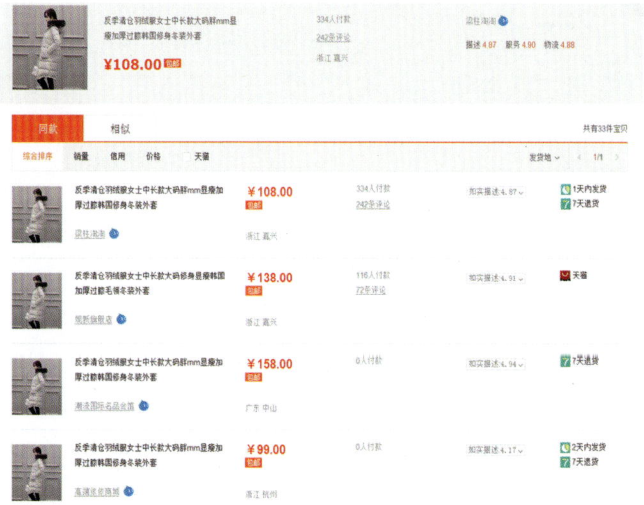

图 4.13　淘宝“找同款”“找相似”界面

（2）省钱才是王道。随着网络购物的蓬勃发展，不同电商之间竞争越来越激烈，并且伴随着大促、甩尾等广告，消费者面临的诱惑越来越多，营销陷阱也是层出不穷。怎样买好货，怎么买得值，成了老百姓们最关心的问题，接下来，我们就介绍一些实用的省钱妙招。

第一，常用导购类网站。导购网站是近年来依托于电商平台而衍生出的一种新型网站。就像我们去服装商场有服装导购一样，导购类网站的功能在于聚合了大量各知名网站的折扣信息和好物推荐，并进行明确分类引导，佐以购买过的用户分享心得及评论，旨在站在消费者的角度帮助他们发现和选择商品。这类网站的代表是什么值得买、惠惠网、豆瓣东西、折 800、买个便宜货、值值值等。以什么值得买为例，其作为一家集媒体、导购、社区、工具属性为一体的消费决策平台，因中立、专业而在消费者群体中树立了良好口碑。网站内容大部分来自网友推荐。成立早期以优惠信息为主，后来加入海淘、原创、资讯、众测、百科等多个频道。其中“好物 · 原创”“好物 · 众测”，汇集网友真实独到的购物攻略和使用心得，为消费者提供了知识普及和消费导向。

打开“什么值得买”网站，我们发现其界面设置跟一般的购物网站很相似，通过键入关键词，便可以获取推荐的各大电商的热门优惠商品，每一个商品都可以直达其购物链接，方便一键下单。如我要买一台空气炸锅，搜索的界面如下。这是默认的“综合”标签下的搜索结果，包含了“资讯”“百科”“众测”的相关内容，我们还可以根据需要，选择右边不同的标签来限定搜索范围。在普通购物网站，如果我想找到或了解一个理想的产品，可能需要搜索很多品牌，看大篇幅的产品介绍和广告，但是对产品的实际功能和用户体验难以真实了解。但在这类中立决策门户，客户可以不费吹灰之力找到一些超值推荐、优惠精选，还可以参考其他消费者的购物心得，了解产品相关的实用知识，更加理性进行消费。

图 4.14　什么值得买比价界面

第二，价格对比、精明返利。很多时候，我们在某网站看好一件商品，但是想知道同样的商品是不是在别的网站价格更低，因此，难免要去别的电商网站查一遍，经过几次检索获取较低的价格。这种情况下，利用比价助手类似的软件能为我们省时省力。比价方面有一些表现出色的浏览器插件为如意淘、搜狗购物助手、360购物小蜜、惠惠购物助手，代表性的网站或软件为购物党、慢慢买、聪明点。我们以网站慢慢买为例，来了解一下其强大的比价功能。慢慢买是一个集合导购、比价功能的专业比价网站，以让用户买到高性比价商品为宗旨，汇集了所有主流网上商城的报价、活动促销、历史价格走势等信息。在这里，我们不仅可以有的放矢地选择最低折扣，还可以淘到国内网站、海淘网站的各类超值折扣商品。

举个例子，我看好了一台电热水壶，想了解各大网站的售价如何，可以在网页的搜索框输入产品型号，或者下载手机客户端，直接扫描商品的条形码。如此一来，便可以轻松获取该商品在各主流购物网站的价格信息，在产品右侧还可以读取价格趋势图，了解该商品的历史价格走势和最低价，以确保买到最实惠的商品。

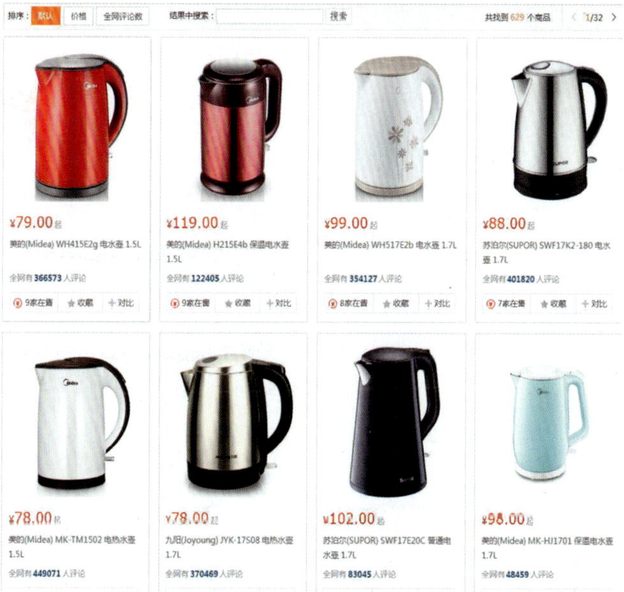

图 4.15　慢慢买比价界面

这类比价类软件和网站能帮助我们在购买时省钱，还有一类网站能帮助我们在购物之后还能拿到返现。返利网、返现网等就是这样的购物返利网站，其合作伙伴几乎涵盖了所有知名电商，包括天猫、淘宝、京东、苏宁易购、苹果中国官方商城、一号店、亚马逊、聚美优品等400多家电商网站，以及12 000多个知名品牌店铺。在整合商家资源的基础上，返利还为用户提供涵盖线上、线下消费的360° 的返利服务，包括网上购物、线下刷卡、金融保险、旅行团购等。

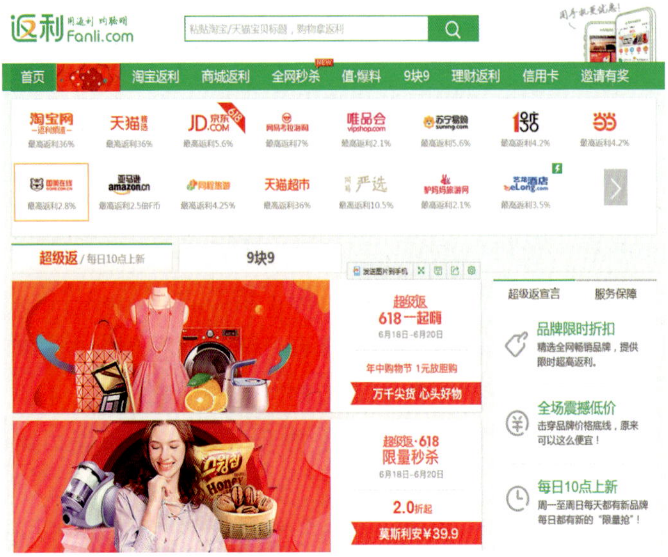

图 4.16 返利网界面

返利网的特色服务有超级返、淘宝返利、商城返利、今日值得买、9 块 9 等，超级返精选了知名品牌的特卖活动，每日 10 点和 20 点上新，最高返利 81%。确保正品、确保特价、限量抢购。而淘宝返利是针对淘宝平台的返利活动，在搜索框下对淘宝返利的步骤进行说明：通过粘贴产品标题，在爱淘宝搜索返利商品，就可以获取返利商品的列表。商城返利涵盖了大量知名电商， 从返利网的入口进入购物网站即“返利模式购买”，就可以在购物之后获取返利。

如果你只喜欢用淘宝，那么推荐你使用淘宝联盟（阿里妈妈）进行下单付款，用户只需用自己的淘宝账户进行登录即可进入淘宝联盟，在购物车中对已经选定的商品进行付款，交易成功后，用户的账户里会收到由卖家支付的佣金，一般是商品价格的 1%~50%，佣金到账后可以提现。如果你有很多推广途径，还可以通过淘宝联盟的推广和分享赚取更多的广告佣金。

网络防范一点通

随着网络信息化的迅猛发展，网购因其时尚、快捷、便利、货品丰富等特点，给我们的生活带来了巨大的便利，但同时也因交易虚拟化、监管不成熟等原因，给我们的生活带了安全风险。可以说，网购是一把双刃剑。尤其近些年，信息泄露、网络诈骗层出不穷，钓鱼链接诈骗、网购退款诈骗、低价陷阱诈骗、窃取信息诈骗等诈骗的套路不断更新，受害的人群也不断增加。网络购物安全已然成为当前人们十分关注和重视的问题。腾讯电脑管家发布的《2016年十大网购安全事件》，梳理了2016年影响广泛且特征明显的网购安全事件。

表4.2　2016年中国十大网购安全事件

序号	事件
1	河南一女大学生遭遇网购“退款”诈骗，卡上20万元被划走
2	农妇网购遭遇诈骗木马链接吞掉5万元现金
3	5M票务网购演唱会门票付款不开发票，200多名事主被骗总额达100万元
4	网购诈骗又出新招：冒充买家改地址把货“劫”走
5	钓鱼网站诈骗致女子某网络借贷额度16.5万元被卷走
6	《中华人民共和国网络安全法》颁布
7	腾讯电脑管家新版本重拳打击网购诈骗
8	网购高峰“骗子”出新招，“货到付款”骗局来了
9	电视购物遭遇“精准”诈骗，十堰大妈损失3万元
10	ATM转账24小时内可撤销，网购新骗术诞生

数据来源：http://mt.sohu.com/20161212/n475642416.shtml

由此可见，网购诈骗因具有欺骗性强、犯罪成本低、危害地域广、发案率高、作案手段多样等特点，对社会大众的财产权益造成很大的危害。因此消费者在进行网购的时候，一定要提高安全防范意识，常备警惕之心，更加理性地进行网络购物。为保证网购安全，我们需要从以下几个方面进行防范。

第一，消费者网上购物前尽量用自己信任的电脑进行网购，选择有一定资质和知名度的网店和交易平台，尽量别“蹭网”，公共场所的未知WiFi尽量不要链接。为防止木马程序盗取个人信息，在网购的电脑和手机上应安装杀毒软件，并进行定期杀毒；购物时不要贪图小便宜轻信一些虚假网站或者钓鱼网站的内容，应选择正规、大型电商，设置复杂支付密码，并定期更换，最好选择“密码＋校验码”双重验证，以加强安全指数。网络购物与传统的现实购物相比具有先天的低价优势，但是其低价应该在合理范围内，过低的价格则可能是圈套。举例来说，不法分子往往利用消费者贪便宜的心理，打出免费赠送等广告来吸引眼球，然后通过"网络钓鱼"、要求先行支付货款、货到付款等方式令消费者掉入陷阱，遭受损失。消费者应明白天上不会掉陷饼的道理，注意识别正规的网上促销打折行为和欺诈行为，避免因小失大。

第二，交易支付选择第三方担保支付或货到付款。安全合理的支付方式是保障消费者资金安全的重要手段。在众多的消费者权益受损案例中，不合理的支付方式是导致消费者受损的重要原因。一般正规合法的网站都会为消费者提供第三方担保支付及货到付款的支付方式，如淘宝的支付宝本身就能够起到交易担保的作用。进行网银、支付宝操作时，要安装防钓鱼插件或者软件，确保使用安全的浏览器和登录正确的网址；网银或支付宝里不要存太多钱，设置的密码级别要高；如果被骗，要及时到公安机关报案，保留网络聊天记录和图片，便于警方收集线索。

第三，下单时，注意个人的信息安全，警惕"支付故障"类陷阱。如在淘宝下单，尽量勾选 "匿名购买"选项，以防不法分子获取个人信息进行电信诈骗。若交易时，对方称支付出现故障，要让你关闭防病毒软件或打开远程控制时，要提高警惕，不要轻信对方；若无法辨别对方真实身份，直接关闭网页，重新选择物品购买。完成订单后，若有自称是售后客服、订单处理客服或是淘宝店主的人打来电话以支付失败、支付宝系统升级、网页故障等理由告知交易失败，需要听从对方再进行操作时需要提高警惕，这很有可能是骗子。自己的财产一定要严密控制，千万不能把银行账户等信息透露给他们，以避免一时大意，造成不必要的损失。

第四，警惕各类抽奖、中奖信息。 犯罪分子在盗取消费者信息后，经常伪装成卖家向消费者发送一些中奖提示消息，当消费者按照指定的"电话"或"网页"进行咨询、查证时，犯罪分子以中奖缴税等各种理由让事主一次次汇款，直到失去联系事主才发觉被骗。当收到一些来历不明的中奖提示，不管内容有多么逼真诱人，切忌不能抱有侥幸心理，更不能按照对方提示进行操作。

网购诈骗，正以诡谲多变、防不胜防的态势侵入我们的生活，面对网络上五花八门的诈骗手段，我们需要擦亮慧眼，树立牢固的安全观念，常备警惕之心，只有这样，我们才能畅享网络购物带给我们的优惠和便利，保证我们的个人财产安全和利益，为我们的生活保驾护航。

2. 休闲娱乐不能少

比起其他类型的网络资源，人们对休闲娱乐类信息的利用率明显更高，这也促使此类信息的门户网站发展更迅速，各种类型的产品和服务层出不穷且日趋完善。比如我们要查询音乐方面的信息，除了有百度音乐、酷我音乐、酷狗音乐等提供歌曲试听、下载的网站，还有专门提供乐谱的乐谱网、歌谱网、中国曲谱网等，专门提供伴奏的5SING伴奏、伴奏中国等，专门提供K歌平台的唱吧、K歌达人、酷狗K歌等。不难发现，在众多的细化平台中，只有找到正确的信息源，也就是收录所需信息的专业门户网站才是获取信息的最佳途径。

如何获取休闲娱乐信息

针对此类信息的检索，我们可以分为直接检索和浏览导航两种途径进行。第一，直接检索。如我们可以在搜索引擎的检索框中直接输入“两只老虎 乐谱”或“两只老虎 inurl:yuepu”，这种方法适用于单个信息的检索，可以一步到位地直接获取检索结果，适用于能够清楚地描述检索要求，只需要个性化信息的用户。第二，浏览导航。通过搜索引擎检索或者网站导航列表获知信息门户网站，再对各个专门的信息网站进行比较后选择其一进行浏览或检索。比如查询音乐方面的信息，我们可以在搜索引擎中直接输入“音乐 网站”或“inurl:music”或“inurl:yinyue”，也可以通过hao123音乐等音乐导航网站获知音乐网站的列表，然后进入某一专业网站，或浏览或检索对应资源。这种方式侧重于一类信息的检索，用户不能直接获取信息，但是可以通过浏览的方式了解更大范围、更多资源的信息，适用于想要全面了解某一族性信息的用户。

休闲娱乐类的信息大致可以划分为如下领域：音乐、游戏、视频、影音、小说、时尚、摄影、星座、动漫等，而这些信息又集中收录在音乐网站、游戏网站、视频电影、小说网站、娱乐时尚、图片摄影、星座运势、动漫网站等网站之中，我们查找这些信息时都可以按照上面说的直接检索和浏览导航的途径进行。值得注意的是，由于互联网技术的不断提升使得信息的收集和传播更加快捷便利，目前各网站的收录内容都在不断扩大，且在收录领域上趋于综合化，几乎各大网站都有各类娱乐信息的子频道，以几个常用网站的电视剧频道为例，优酷网（tv.youku.com）、搜狐网（tv.sohu.com）、土豆网（tv.tudou.com）、腾讯网（v.qq.com/tv）、百度视频（v.baidu.com/tv）都提供了专门的剧集收录服务，用户无需记住具体网址，只要进入总网站，点击对应子栏目即可，如此多的选择途径给用户带来了极大的方便，因为每个网站都不可能收录全部的信息，用户在一个网站查找不到的内容也许可以在另一个网站获取，即便是同一内容，不同网站收录的版本或信息侧重点也可能会有差别，因此，用户可以选择多个网站进行查询、比较，最终获取满意的结果。

网比三家，择优录用

谈到网站的比较，我们可以通过站长之家（www.chinaz.com）的综合统计排名，了解各行业和各地区网站的排名情况，也可以通过爱站网（tools.aizhan.com）等站长平台将想要对比的网站进行对比，以站长之家的网站排名为例，我们来查询一下休闲娱乐行业中小说网站的排行榜，如图 3.17 所示。

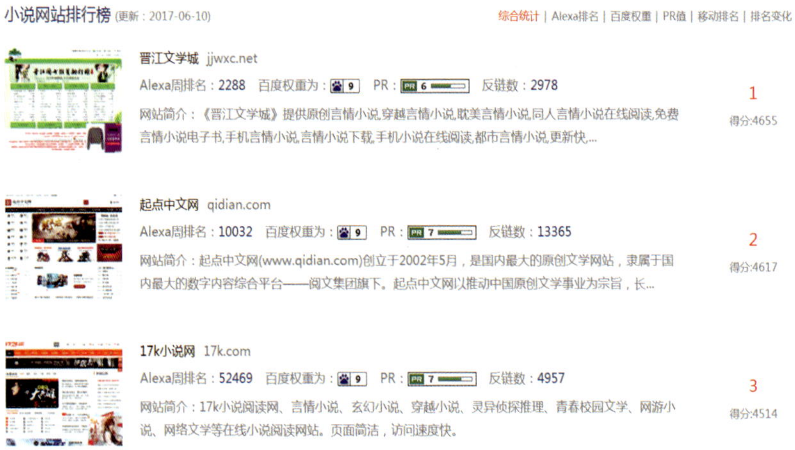

图 4.17 站长之家小说网站排行榜

同样的方法，我们也可以了解休闲娱乐行业中音乐网站、游戏网站、动漫网站、视频电影、娱乐时尚等网站的排名，还可以了解其他行业和地区的排名（如图 4.18 所示）。当然对于普通的互联网用户而言，网站的排名其实并不是我们最关注的，这些排名的顺序会随着统计方法、时间和媒介的变化而变化，没有谁上网前先调查某网站的排名是否靠前，我们更关心的是哪个网站能找到需要的信息，但是这些排名列表的存在也可以起到引导作用。首先，排名是在大量同类网站中产生的，看到列表的同时也可以获知大量同类的网站，不但提供了网站的链接，还会有对该网站收录内容及功能的介绍，用户可以通过浏览进行选择，也许里面就有符合条件的网站。其次，毕竟这些排名都是以用户使用数据为基础的，排名靠前说明用户数量多，而没有哪个网站做得很差却使用量很高，所以相对来说，经过众多网友的检验之后，排在前面的网站在功能和服务等方面应该会有其取胜的道理。再次，如果是检索我们原本不很熟悉的行业，在无法提供更多检索词的情况下，通过排名列表便可以快速了解这一行业的领先网站，获知该行业的领先信息，省去了我们很多前期调查、甄别的时间，从而提高检索的效率。

图 4.18 站长之家排名列表

移动娱乐平台

休闲娱乐类的移动应用可谓是数不胜数，打开智能终端的系统应用或苹果商店，几乎 2/3 的应用都是休闲娱乐类型，用户可以直接搜索，可以按分类浏览，可以参照系统本身的精品推荐，也可以根据排行榜顺序选择下载需要的应用，但需要注意的是，有些应用的下载是需要收费的，下载前或下载过程中如遇到付费提示一定要注意是否真的需要或者所处网络是否安全等问题。

3. 社交媒体很重要

WEB2.0 的出现带来的最大变革就是网民由信息的被动接受者变成了可以参与其中的另一方，网民在上网过程中掌握了更多的主动权，能够自由地表达意愿，随时进行互动，而这一改变也催生了一系列如社交网站、微博、微信、博客、论坛等人们彼此之间用来分享意见、见解、经验和观点的工具和平台——社交媒体的蓬勃发展。所谓社交媒体应该是大批网民自发贡献、提取、创造新闻资讯，然后传播的过程。

社交媒体有哪些

社交媒体又可以称为社会化媒体，买购网（www.maigoo.com）统计了 2016 年中国最受欢迎的十大网络社交平台（应用），包括微信、QQ 空间、微博、百度贴吧、人人网、朋友网、豆瓣、知乎、美拍、天涯社区。其实根据日常使用我们也不难说出很多社交媒体的名称，但是社交媒体到底都涵盖哪些类型呢？我们将其分类如下。

表 4.3 社交媒体分类

社交网络	娱乐类（开心网、人人网……）、通讯类（QQ、微信、陌陌……）婚恋类（百合网、珍爱网……）
自媒体平台	通过个人空间发布（微信、微博、贴吧……）、通过公众平台发布（微信公共平台、搜狐新闻自媒体、网易新闻媒体开放平台、网易云阅读开放平台、腾讯媒体公众平台……）
论坛问题	猫扑网、天涯论坛、搜狗知乎、百度知道、百度经验、搜狗问问……
视频分享	优酷网、土豆网、56 网视频、搜狐视频、腾讯视频、爱奇艺……

社交媒体的特征

社交媒体早已成为人们日常生活离不开的主要沟通工具和获取信息的重要途径，除了以其人数众多和自发传播为必要因素外，还具备如下特征。

（1）公开免费参与。社交媒体让用户自愿参加成为媒体的一部分，且大多数的社交媒体都是免费的，人们对信息的评论、反馈和分享都没有任何障碍。

（2）平等对话交流。社交媒体的受众从观（听）众变成用户，由单向播出变成双向传播，这种平等的互动使交流更加顺畅。

（3）社区连通性。网络社交就像生活中的社交一样，人们很快可以就生活经验、新闻话题、影视讯息等共同感兴趣的内容形成社区一样的团体，进行充分深入的探讨。

对社交媒体的正确利用

任何事物都有其两面性，社交媒体的存在也同样有利有弊，我们能够感受到社交媒体给生活、工作、学习带来的变化与便利，同时也听到过甚至感受过社交媒体带来的困扰和伤害，因此我们要正确利用社交媒体，睁大双眼分辨社交媒体传播的信息。

从个人做起，传播正能量，抵制负面信息，尤其是未经证实的信息。社交媒体赋予用户最大限度的言论自由，但无法控制用户发布言论的真实性和可靠性，所以身处信息社会的我们应该具有一种信息责任感，而不是听风就是雨。

以不伤害他人利益及隐私为前提。社交媒体提供的是信息交流平台，但不是什么样的信息都可以拿出来传播和交流，我们进行网络社交应该遵循健康、积极的原则。

避免误传、谣传。信息传播途径的增多、速度的加快使我们获取信息的效率飞速提高，但是许多不全面、不准确甚至是虚假的信息也会趁虚而入，这时就需要我们头脑清醒，运用信息检索手段进一步甄别，不以讹传讹。

社交媒体的检索

大多数的社交媒体都已经成为了我们日常生活的必备工具，因此，如何检索社交媒体应该不困难，例如，各综合搜索引擎直属的垂直搜索引擎都有相应的社交媒体产品，以搜狗搜索为例，搜狗微信、搜狗视频、搜狗论坛、搜狗知乎、搜狗博客等都是专门检索社交媒体的工具，这些专门的搜索引擎缩小了检索范围，限定了检索结果类型，使用户可以省去排除其他类型信息的时间，非常贴心。如果我们想利用综合搜索引擎检索社交媒体的信息，也可以尝试使用前面讲过的高级检索指令，如 inurl、intitle 等，详细使用方法请参看信息检索工具篇中搜索引擎的使用方法。

三、个人优化信息（学习、求职、医疗保健）

1. 活到老、学到老

现在的社会是一个高速发展的社会，科技发达，信息流通，人们之间的交流越来越密切，生活也越来越方便。大数据的迅猛发展，技术的不断创新，知识的收集、分析与共享，信息更新速度明显加快，在生活的方方面面带给了我们不可思议的发现、创新，并推动着我们生活质量的进步。基于“互联网+”的学习变得“随时、随地、随心”，学习资源的丰富化、学习媒体的多样化使得学习不再枯燥无味，人们的被动的学习也向探究型学习、终身学习转化。

在线学习是随着网络技术发展而出现的学习模式。它通过在网上建立教育平台，是学员应用网络进行在线学习的一种全新方式。这种在线学习方式是由多媒体网络学习资源、网上学习社区及网络技术平台构成的全新的学习环境，不受时间、地点、空间的限制，并且可以实现和现实当中一样的互动，提高我们学习的积极性。那么如何根据自身的需要查找相关的学习网站和学习平台呢？基于之前我们掌握的搜索信息的方法和技巧，和大家介绍一下学习网站和平台的搜索。

学习类网站及相关平台搜索技巧

（1）学习类网站的搜索技巧。我们在百度、搜狗等综合搜索引擎上直接检索“学习网站”，就可以得到多个查询结果。也可以利用网站导航，如 hao123 的学习网站导航就为我们提供了多个学习网站的链接，我们可以根据自己的需要自主选择进行学习。

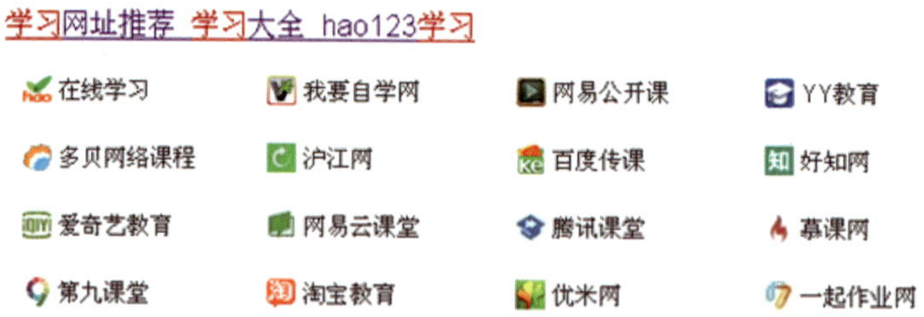

图 4.19 “hao123 网址导航”检索结果

如果我们已经有了自己的学习目标，例如我们想学习会计方面的知识，我们可以直接在网页地址中检索结果。设置关键词“inurl:kuaijixuexi”或“inurl:kuaiji 学习”或“学习 inurl:kuaiji”直接检索，从而快速、准确地查询相关的专业学习网站。

图 4.20 “inurl:kuaiji 学习”的检索结果

因为每个网站的信息量都很大，如果我们想在一个固定网站中检索学习的相关信息，那么应该怎么查询呢？例如我们想在百度查询关于“公务员考试”的相关内容，那么我们就可以使用之前介绍的 site 指令完成检索，输入格式为“公务员考试 site：baidu.com”或者“site：baidu.com 公务员考试”，查到百度关于公务员考试的相关资料。

此外，智能化的搜索引擎，在检索结果页面的右侧，列出“相关搜索”一栏，列出许多与关键词相关的词语，我们可以根据自己的查询需要，点击适合的关键词再次进行检索。

（2）学习平台的搜索技巧。网络学习平台包括网上教学和教学辅导、网上自学、网上师生交流、网上作业、网上测试以及质量评估等多种服务，能为学生提供实时和非实时的课堂教学，提供与学科内容有关的文字、图形、动画、视频、音频等各种学习资源，智能型远程协作的学习方式实现了师生之间、同学之间的对话与协作，培养了学生的创新能力和解决问题的能力，成为人们在社会中学习的主要形式之一。国内的百度传课、慕课 (MOOC) 等都是比较不错的学习平台，它突破了传统课程时间、空间的限制，依托互联网世界各地的学习者足不出户上名校，实现了课堂翻转，在家就可以学到国内外著名高校课程。对于这些学习平台的查找也是很简单。我们可以利用互联网综合搜索引擎（百度、必应等）检索关键字“学习平台”，就能得到相关学习平台的介绍和链接。

此外，移动通讯技术的发展使得我们不仅可以在PC端进行学习，还可以利用手机APP进行移动学习，例如百度传课、网易云课堂等都可实现PC端和手机APP的同步学习。课程内容涉及英语学习、职场培训、生活技巧等任何技能。互动的学习模式使我们可以在线传授技能，亦可以在线学习所需的一技之长，充分满足了用户的需求。

慕课（MOOC），英文直译“大规模开放的在线课程(Massive Open Online Course)”，是新近涌现出来的一种在线课程开发模式。我们可以利用互联网综合搜索引擎搜索“MOOC”，得到相关学习平台的介绍和链接，点击后可以登录“MOOC”课堂。同时，如果我们检索“慕课”，智能的搜索引擎会在检索结果页面的右侧列出学习类的推荐网站，让我们更好地查找所需的资源。

图 4.21 与“慕课”相关的网站推荐

MOOC 平台的课程都是免费的。例如 MOOC 学院，它整合了多种社交网络工具和多种形式的数字化资源，形成了多元化的学习工具和丰富的课程资源，既有名校的专业课程，也有职业课程。此外，课程语言也分为中文、英语、法语、日语、西班牙语等多种语言，满足了不同国家求学者的需要。在这里，三大课程提供商 Coursera、Udacity、edX 的所有课程都可以免费学习。

图 4.22 “MOOC 学院”的 MOOC 频道内容

学习资料的搜集

（1）玩转学习 bbs。在学习中，“互联网 +”中“+”指的是知识，它包含了所有用户进行的知识分享及其形成的知识产品。互联网上，信息量大而且庞杂，我们如果要获取有质量、有价值的信息和知识，特别是对于自己不知道的领域、不了解的知识，我们还可以借助学习论坛这样一个平台，通过提问获得专业人士的解答，并下载相关的学习资料，帮助我们学习和成长。

在综合搜索引擎（百度、必应等）中检索“学习论坛”，可以检索得到关于“学习论坛”多个检索的结果。在论坛里，知识是相互分享的，我们可以是自主、探究型的学习，可以获得专业人士的解答，可以获得开放的、免费的资料的下载，从而使得我们的学习更轻松。例如，我们搜索“大家论坛”，通过注册账号，就可以在论坛中根据自己学习的需要下载相关的资料。我们可以在“司法考试”论坛中子模块下载我们需要的考试资料。

如果，我们已经确认好自己所需的资料，就可以直接利用网页地址检索，检索“inurl:BBS 注会”或“注会 inurl:luntan”快速准确地找到所需信息。

（2）君子之学必好问。对于知识的作用和价值，英国学者培根说过“知识就是力量”。古人也提出“人有知学，则有力矣”，只有努力学习，掌握了知识，才能成为有力量的人。随着日新月异的科技进步，使我们对知识与力量的关系有了新的体验，学习的重要性日显突出，学习可以增智、可以解惑、可以辨是非。我们应当学习一切有用的东西来为己所用，使自身的价值有更好的发挥余地，以积极认真的态度对待学习，只有这样才能不断地进步，有一个更加完美的人生。

互联网的发展，使得我们对于知识的学习更加快捷方便，我们可以通过互联网综合搜索引擎（百度、必应、搜狗等）直接检索我们想要查找的知识。另外，我们使用垂直引擎检索，直接在综合引擎搜索关键字“知识搜索引擎”，就可以得到知识搜索引擎的索引页面。

通过百度知道、新浪爱问知识人、搜狗问问、百度百科、维基百科、知乎等专业的知识网站，把我们在工作、生活、学习中遇到的问题进行发布，就可以得到有相关知识、经验、专业技能的人员的专业回答，其实是汇聚全民的智慧，帮我们寻找答案，实现知识的互助、分享。

对于学术类知识的搜索，我们也可以利用垂直搜索引擎，例如百度学术搜索、搜狗学术搜索、必应学术搜索、360 学术搜索、读秀学术搜索、CNKI 学术搜索、国家科技图书文献中心等专业学术搜索等进行文献的检索和学术的研究。

学习资料的文献类型是多种多样的，如果我们想检索图书、课件等类型的资料，可以利用参数“filetype（文献类型）”将检索结果限定为只查询特定类型的文件。例如，我们想检索“一级建造师”的教材和相关资料，可以输入：“一级建造师 filetype:pdf”或者“filetype:pdf 一级建造师”，就可以快速地检索到我们需要的教材和试题资料，进行下载学习。

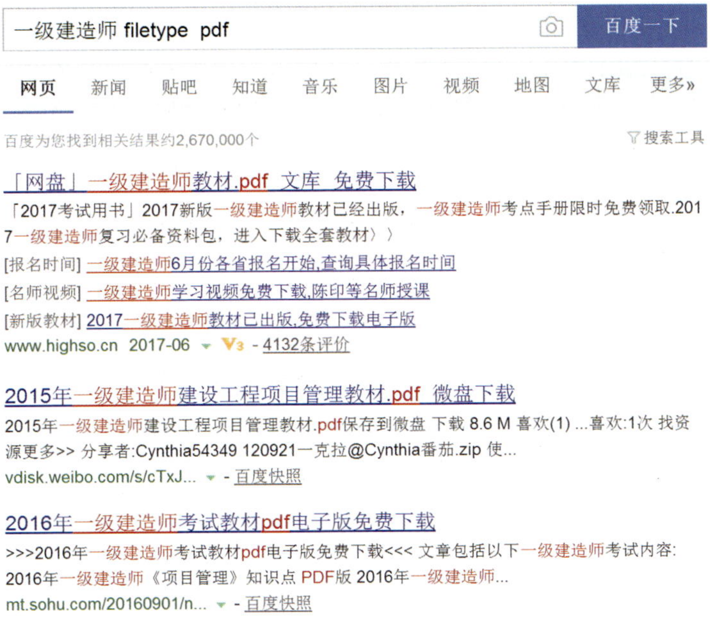

图 4.23 “一级建造师 filetype pdf”的检索页面结果

免费读万卷书

书是获取知识的渠道，提高人素质的有效途径，古人有“读万卷书，行万里路”、“读书破万卷，下笔如有神”之说。可见古人对读书的情有独钟，也可见读书在古人的修心养性、启发思维方面占据着多么重要的位置。读书，让人变得懂事、文明；读书，让人变得高尚、完美；读书，使人类走出了蛮荒；读书，使人明辨是非，胸有主见，不断完善自我。

在互联网时代，多媒体的广泛应用，使得图书也不再拘泥于传统纸质的形式，而是出现了电子图书、音频图书等多种形式。“互联网 +”的行动计划，大数据的建立和分享，使得图书资源更加丰富，为我们提供了丰富的精神食粮。如果我们没有明确的图书查找目标，那么就可以利用百度、搜狗、必应等综合搜索引擎检索“免费图书下载”，得到多个图书网站的推荐链接，点击进入网站后，进行图书的查找，满足自己的学习需要。

图 4.24 “免费图书下载”检索结果页面

如果我们已经有了自己的目标，想要查找和下载注会方面的书籍，可以直接在网页地址中检索结果。设置关键词“inurl:book 注会”或“注会 inurl:ebook”直接检索，从而快速、准确地查询相关图书的信息。

此外，垂直搜索引擎也是我们查找图书的一条捷径，百度阅读、书问全文搜索引擎、读秀图书搜索、超星发现等图书专业检索平台，可以向我们提供海量全文数据及资料，提供深入到图书章节和内容的全文检索，部分文献的原文试读，以及高效查找、获取各种类型学术文献资料的一站式检索，满足我们短阅读和寻求知识点的需求，实现我们自主选择图书的需要和个性化的阅读。

图 4.25 读秀检索页面

移动客户端 APP 推出后，我们使用手机、平板电脑下载安装后，就可以实现在线查找图书，并可将全文下载保存至手机，读书不再受时间、空间的限制，从而享受随身阅读的乐趣。

各种新媒体技术的出现，为读书打开了一个更广阔的世界。图书不仅限于纸质文献，它还有多种多样的存在形式。“有声图书”的出现打开了阅读的一片新天地，它是人们通过群体交互利用信息创造出来的一本书。每位读者可以选取自己喜欢的文章和段落，利用先进软件的语音合成技术和先进的录音设备制作成有声图书，依据图书的内容进行分类，建立目录并共享到网站上，有阅读需求的读者可以进行在线“阅读”或下载 “阅读”。

我们可以利用百度、搜狗、必应等综合搜索引擎检索“音频图书”，得到相关网站的推荐，同时下载移动客户端，定制自己专属的的频道，让自己随时随地，听我想听！

图 4.26 音频图书检索相关网站推荐页面

当今世界，科学技术突飞猛进，社会发展日新月异，知识更新节奏加快，因此我们要“活到老，学到老”。基于“互联网 +”的学习是按照我们自身的需要、自己喜欢的方式来进行的，实现了我们快乐的学习。

2. 助你轻松找伯乐

随着人才市场和雇佣市场的迅速成熟，中国的求职竞争愈发激烈。根据智联招聘去年底发布的2016年春季中国雇主需求与白领人才供给报告，白领春季跳槽平均48人抢一个岗位，竞争压力同比翻倍，而每年大批量应届大学毕业生走出校园，其群体性就业问题也成为社会普遍关心的话题。经济发展放缓，社会需求的相对疲软，以及自身定位不准确、信息获取不及时等主客观因素叠加，使得越来越多的"千里马"难觅"伯乐"。网络求职作为目前最常用的求职方式，因其覆盖面广、方便、快捷、时效性强等优点，得到了广大求职者的青睐。那么，网络求职去哪里求？有什么窍门？怎么才能快、准、狠命中目标呢？网络时代，信息为王。下面，我们共同学习如何通过巧妙的信息检索，找到网络那头的伯乐。

求职连连看

"知己知彼，百战不殆"，根据职业规划理论，一个人在职场的成功往往来自于准确的职业定位、明确的目标设定和可行的通道设计，而职业定位是最基础、也是最关键的环节。可以说，职业规划及职业发展的第一步，也是最基础的工作，最重要的一步。所谓职业定位，说来高深，其实不外乎明确自己"我能干什么？""社会可以提供给我什么机会？""我选择干什么？"等基本问题。在我们周围，很多人求职时，对自己兴趣、特长、职业倾向以及求职市场没有了解，缺乏认知，就盲目地开展求职活动，尤其是很多初出茅庐的大学生，在自身定位模糊的情况下，见到只要有公司招聘，就到处投简历，而这样职业意向和用人单位需求很难吻合，简历自然就石沉大海了。

我们要找到自己的用武之地，首先要知己知彼，确定自己的职业定位。职业测评作为心理测评的一种，可以帮助我们有针对性地测评自己的综合能力，从而了解自己的职场价值。通过关键字搜索"职业测评"，我们可以看到很多职业测评相关的网站，其中包括一些专业的测试网站如才储，也包括一些招聘类网站的职业测评，如智联测评。才储作为国内首家专业基于大数据进行人力资源管理的服务提供商，为个人和企业提供多种类、多层次的测试服务。其他网站还有职涯网即中国职业生涯网，中国职业生涯网包括观点文章、视频和测评等栏目，并链接了很多专业人士，以帮助公众了解专业的职业生涯规划，为公众提供专业的职业生涯发展策略。

在进行职业测评之后，我们可以通过分析报告深入了解自己的性格优劣和兴趣所在，以及适合自己的职业。举个例子，如果你是外向、喜欢变化的性格，容易在新的和意外的活动或工作情境中感到愉快，善于转移注意力，那么记者、推销员、演员类有变化的和多样化的工作可能比较适合你。如果你的志趣是组织和管理类工作，喜欢掌管一些事情，那么组织领导管理者，如行政人员、企业管理干部、学校领导和辅导员可能比较能吸引你。总之，在职业测评的基础上，我们可以有的放矢，选择适合自己的岗位投递简历。

（1）精美简历信手拈来。说到简历，我们知道，简历作为求职的“敲门砖”，是面试官在见到应聘者之前的第一印象，一份规范、得体、针对性强、重点突出的简历是面试者的营销利器，不仅能帮应聘者赢得面试机会，还能帮助其在接下来的面试中抢占先机。那么，如何打造一份不落俗套、有竞争力的专属简历呢？

一般而言，在海量的简历面前，一张简历被浏览的时间通常不超过 30 秒，大约在8~16秒之间。如果要写一份成功的书面简历，就要从简历的外观和内容下功夫，以迅速抓住 HR 的眼球。外观，即简历的格式、界面等，内容包括个人学历、经历、特长、爱好及其他有关情况。排版清爽干净、内容简明扼要是优秀简历的核心价值。要打造一份瞬间就能给人以愉悦视觉感受的简历，我们需要在简历的格式、排版、书写技巧上下功夫。如果你对自己的 office 技能不是很有信心，那么我们可以通过搜索简历类网站，挑选喜欢的格式直接套用。目前，有不少简历模板及简历生成网站。如无忧简历网、个人简历网、简历圈、五百丁。这类网站提供海量个人精美简历模板下载，能高效、便捷、实用地满足求职者们的多样化需求，并能在简历的内容技巧方面给应聘者支招。如简历圈，除了包括简历类内容，还有面试技巧、求职指南、职场法则等栏目，为应聘者提供了全面的求职指导。

举个例子，有的 HR 面对大量电子简历是用关键词搜索来进行简历筛选的，所以我们在写简历的过程中，就要突出与应聘职位关联比较紧密的部分：如果我要应聘一个建筑行业公司营销总监的职位，那么我在我过去的履历和工作经验中，就要突出建筑、建材、家装、工程设计、项目等相关的关键词，以抓取 HR 的眼球，让我在众多的应聘者中脱颖而出；而应届毕业生应聘管培生的话，企业会比较看重应聘者的领导力、创新能力和时间管理能力等，如果我能用经历和数据证明自己这方面的能力，再辅之以相关的校园实践和个人荣誉，而不是一味地在简历中用空洞的形容词进行自我宣传，那么相信我也会比我的对手们更有竞争力。

除了这类简历模板类网站，一般大的人才招聘网站如前程无忧、大街网等也提供了一些内容固定的简历模板。这类模板一般都经过科学的设计，符合企业 HR 的阅读体验。因此，我们在进行网络求职的时候，除了自有简历，还要根据网站需求编辑一份在线简历，以方便我们的求职投递。

（2）求职经验大家谈。在竞争激烈的求职市场上，想要拔得头筹、脱颖而出，除了自身过硬的竞争力，过来人的点拨尤为重要。如果我们即将面试某名企，那么该企业喜欢什么个性的人才，面试官会问哪一类问题，是我们尤为关心的。如果周围没有有经验的朋友，那么我们该如何向网络求助呢？

论坛作为一种交互性强、内容丰富的公共电子白板，能够吸引真正志同道合的人一起来交流探讨，有利于信息的分类整合和搜集。求职类的论坛聚集了大量网友的求职信息，为我们快速寻找志同道合的求职者、搜索宝贵的面试经验提供了很多便利。举个例子，作为一名应届生，我很关心宝洁集团的校招，然而该企业校招的时间、流程、经验，我都知之甚少，比起在搜索引擎搜索到的碎片化信息，我可以通过搜索“应届生 求职 论坛”等关键词，获取应届生求职相关的论坛链接，排名最靠前的如应届生论坛、应届毕业生论坛、过来人求职网 BBS 等，都汇聚了大量的应届生求职资讯。进入论坛之后，在论坛最显眼的搜索框输入关键词，选择站内搜索或者全网搜索，便可以获取宝洁校招的大量帖子。如果我有志于进入公务员系统呢？我该如何复习考试，准备面试呢？ QZZN 作为知名公务员考试论坛和公务员论坛，为每一位网友提供了海量的公务员考试资讯、经验、资料、真题，而且，通过这个平台，我们还可以认识大量公务员朋友、交流公考学习与生活。总之，论坛因其开放性、平等性，方便大家畅所欲言，能为求职菜鸟提供全方位的求职指导。

求职论坛除了这类针对性较强的专业论坛，还有一些综合性论坛如天涯论坛的求职招聘版块，各大校园论坛如北大未名 BBS 的求职版块，招聘网站的求职论坛如前程无忧论坛等，均能为不同需求、不同层次的人提供求职参考。不仅如此，我们还可以通过各类网站和贴吧了解职场资讯，专业求职网站的专栏如前程无忧、51job 的职场资讯、大街网 APP 的职答，都旨在为求职者解疑释惑。一些专业的职场门户网站，如 X 职场、职场百科网，也囊括了求职、面试、简历、职场攻略等全方位的职场信息，有利于我们更深入地走近职场、了解职场。

巧撒网，重捕鱼

（1）快速解读求职网站。说到网络求职，我们最关心的可能还是去哪个网站投简历。求职网站五花八门、鱼龙混杂，如果稍不小心，很可能泄露个人信息，给自己带来困扰却一无所获。哪个网站有最关注的求职信息？在哪个网站投简历会被更多的 HR 看到？了解了不同招聘网站，有利于我们在求职过程中事半功倍。根据其招聘范围、人才、性质等，求职类网站大致可以分成以下几类。

综合招聘类网站：中华英才网、前程无忧、智联招聘、58 同城、赶集网、百姓网。与前几个专业招聘门户相比，58 同城、赶集网倾向于蓝领。

特定行业招聘网站：互联网招聘网站如拉勾网、周伯通、内聘网、哪上班，电商招聘网站如电猴网，高科技行业招聘网站如 OFweek 人才网，服装行业招聘网站如中国服装人才网。

针对特定人群的招聘网站：应届生类如应届生求职网、高校就业信息网、各高校论坛、应届毕业生求职网等。

地区招聘网站：齐鲁人才网、北方人才网、深圳人才网、广东人才网等。

猎头类网站：猎聘网、51 猎头、人人猎头、乐职微猎头等。

特色招聘网站：大数据招聘服务平台 e 成、服务众包平台猪八戒网、雇主点评与职场信息平台看准网等。

企业直招官网：中国工商银行、中国农业银行、招商银行等。

社交招聘类网站：全球职业社交网站领英网、大街网、微博微招聘、脉脉等。

各类招聘网站各具特色，在我们对其进行大致了解的基础上，可以根据个人能力和期许选择恰当的求职网站开展求职活动。你是什么行业的人才？你想在哪里工作？结合自己的职业定位，通过一步步的条件限定我们可以锁定一些招聘网站进行重点简历投递。比如，我学金融专业，想要跳槽，那么与其在综合招聘网站查找和筛选金融类招聘信息，不如直接搜索金融类的垂直招聘门户，如华尔街招聘网、51 金融圈，这类网站将大量金融招聘信息进行整合，方便我更快、更准、更狠地了解热门的招聘信息。如果我倾向于职业社交，渴望通过招聘平台认识一群志同道合的优秀人才，那么通过搜索职业社交类平台，可以了解领英是个比较热门的选择，领英是全球最大的职业社交网站，通过嵌入微信这一最具人气的通讯工具，大大提高了信息的传播速度和效率，也提高了人才搜索的准确性和针对性。在领英，我们可以结识更多国外人才和高端人才，拓展职业人脉并发现更多职业机遇。

我们知道，招聘网站的招聘信息每天都在更新，那么，如果工作繁忙，没时间每天上网查看怎么办？目前，很多求职网站开通了职位订阅服务，只要申请了邮件订阅职位的功能，就可以定期收到招聘网站上最新的招聘信息，节省了大量上网搜索的时间。以智联招聘为例，我们登陆之后在个人中心，可以选择“职位订阅”功能，点击“创建新搜索器”，便可以按照个人要求输入职业类别、工作地点、薪酬方面的信息，提交之后搜索器会自动进行工作的筛选，并定期将符合条件的工作发送至账户所绑定的邮箱。求职网站的这类信息推送服务是信息个性化服务的具体体现，主要包括用户信息需求了解、专题信息搜索、信息定期反馈三个步骤。与我们大海捞针似地寻觅有效信息相比，职位订阅服务大大提高了我们获取信息的及时性、针对性和高效性。

图 4.27 智联招聘职位订阅界面

（2）多管齐下，抢占先机。除了网络求职这个求职渠道，我们还应该多管齐下，关注各类平台上的求职信息。招聘信息比较常见的发布渠道还有报纸、电视和招聘会。近年来，求职类电视节目以其新颖、公开、透明的求职方式受到了越来越多大学生和求职者的关注。这类节目一般兼具专业性和娱乐性，通过企业高管们与求职者之间的直接交锋，引发职场话题与争议。比较代表性的是《非你莫属》《职来职往》《天生我才》。求职者在节目中除了能与一流企业高管过招，收获宝贵的面试经验，还能从职场资深人士和心理专家那里获取真实的就业指导意见和职场忠告。观看这类职场类节目，电视机前的求职者也可以更清晰地调整自身的职业定位、学习更多职场法则，并掌握相关求职资讯。而报纸招聘作为较为传统的招聘渠道，因具有发行量大、发行频率高等优势，也是招聘信息常用的传播媒介。

另一类比较大众化的求职渠道是招聘会，招聘会与网络求职相比，具有能与招聘人员面对面沟通、免去简历筛选环节、反馈及时等优点，因此被认为是比较有效的求职方式。我们可以通过地方人才网站，或者校园官网、论坛等，查找相关的招聘会信息。目前随着网络招聘行业逐渐崛起和发展，招聘会已经不再局限于线下，并逐渐衍生了网络招聘会的概念。网络招聘会多以人才网站为平台，具有资源优势，且同传统的招聘会相比，节约了经费，也提高了效率。应届毕业生网主办的2016届针对全国高校应届毕业生的大型网络招聘会便是这样一个例子。免报名、免费用，每周六举办，求职者们不用去人山人海的招聘会现场排长队，便可以在线投递简历，甚至是参加视频面试，求职面试变得更加轻松、高效。

成功总是留给有准备的人。求职过程中，我们要建立清晰的职业定位，多渠道搜罗求职信息，积极开展求职活动。知己知彼，有的放矢，相信我们一定可以笑傲职场。

3. 医疗养生两手抓

21 世纪健康产业已经成为全球热点，随着我国居民收入水平不断提高，消费结构升级不断加快，人们对生活质量的要求日益提高，健康理念日益普及并走进寻常百姓家。2016 年 10 月 25 日国家更是制订了《“健康中国 2030”规划纲要》，提出了“共建共享、全民健康”的发展战略，要把健康融入所有政策，使全体人民享有所需要的、有质量的、可负担的预防、治疗、康复、健康促进等健康服务，推行健康生活方式，减少疾病发生，强化早诊断、早治疗、早康复，实现全民健康。在这一宏观政策推动下，我们日常生活中的医疗保健体系也日趋完善。足不出户，我们就可以轻轻松松地实现在家看病、问诊和网上预约。

为健康保驾护航

（1）寻医问药。随着社会经济的快速发展，人们的生活水平不断得到提高，健康问题成为了人们日益关注的话题，人们对医疗保健的观念也在发生着变化，不再只是在发生病患的时候才想到医院就诊，而是更希望能够在平常生活中能够经常性地对健康、疾病等问题进行咨询。另外，由于医疗资源的分布不均，先进的医疗设备、优秀的医疗人才往往集中在大、中城市的三级医院，基层地区的患者和大、中城市的当地患者通常愿意到三级医院就诊，这样就造成了“看病难、看病贵”的现象，不仅浪费了基层医院医疗资源，还加重了三级医院的医疗负担。网络医疗咨询平台的出现在某种程度上大大解决了这种矛盾，人们可以不用去医院，直接在网上检索或咨询自己的症状可能患有何种疾病，从而提高了公众医疗保健水平，优化了医疗资源配置。那么如何检索这些医疗咨询的网站或平台呢？我们在搜狗、百度、必应等综合搜索引擎上输入“医疗健康”的关键字，就可以得到以下结果：

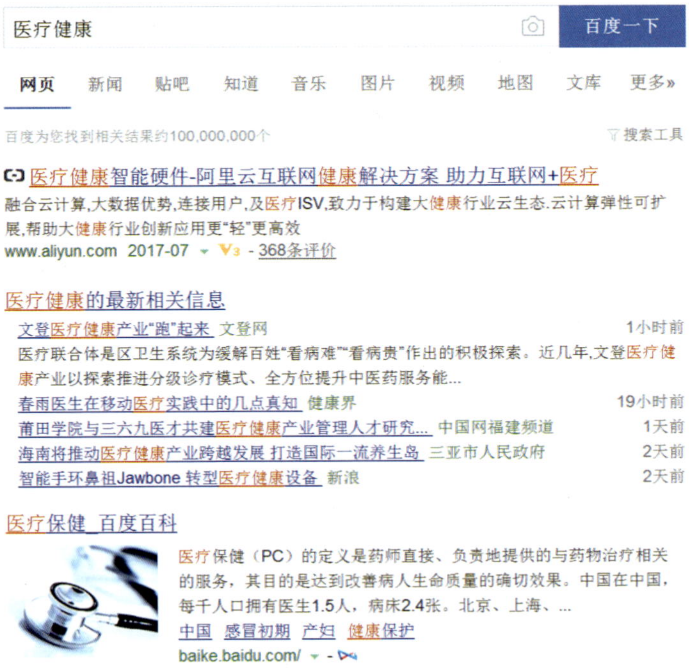

图 4.28 检索“医疗健康”结果页面

根据自己的需要，选择“医疗健康网”，就可以得到关于医疗咨询网站的多个结果。医疗咨询网站开通了各类疾病专家医师免费在线咨询平台，提供了便捷的咨询服务，解答在寻医问药方面的任何疑问，指导并提供建议，从而使我们正确地对待疾病和正确地使用药物等。通过网站与其他医疗机构的互动和网友分享经验，我们可以了解就医信息和就医信息导向，为我们选择正确的医院和合适的大夫提供准确的参考。

医疗网络咨询平台有效提高了我们的就诊效率，一些简单的小毛病，医生可以直接制订出相应的治疗方案，而无需到医院现场进行诊治；如果需要到医院进行就诊，患者可以通过平台了解医院就诊的流程和就诊人数情况，或者预约挂号，与医生预约就诊，减少在医院排队等待的时间，从而提高就诊的效率。总之，有了好大夫、寻医问药网、百姓健康网等医疗健康咨询网站，使得我们能够与专业医师进行对话，在某种程度上预知自己的健康状况，对于我们不懂医术的普通百姓还是非常有意义的。

我们可以通过上文中提到的垂直引擎，也就是专业搜索引擎进行医药信息的检索与查询。因为专业搜索引擎更有针对性，因此，所检索出的信息也更加具体、专业和准确。例如，我们可以通过医学搜索引擎中的 360 良医搜索、搜狗明医搜索进行专业的医疗、医药、健康信息检索，从而保证医疗医药信息真实、有效，不受虚假医疗广告、虚假医疗信息的侵扰，从而保障我们放心看病、放心就医。

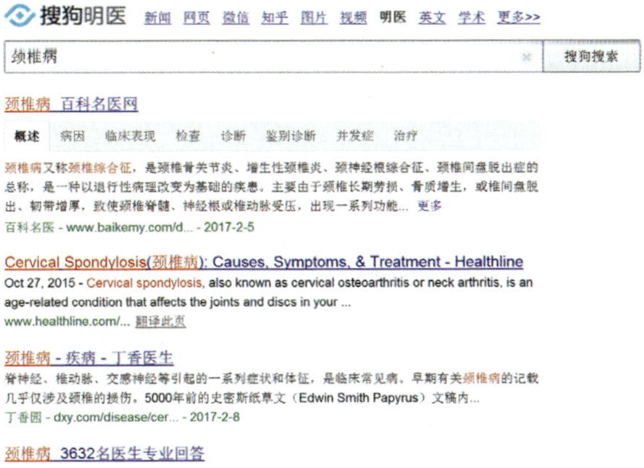

图 4.29　搜狗明医“颈椎病”检索结果

同时，智能的搜索引擎还向我们推荐了相关骨科病的检索结果，我们可以根据推荐结果，针对自身病情症状，进行下一步的检索和查询。

（2）网上挂号。大、中城市三级医院的先进的医疗设备和优秀的医疗人才使得人们趋之若鹜，看病难，挂号更难，许多医院的专家号通常是“一号难求”或者“一号千金”。随着健康医疗大数据信息资源的逐步整合和共享，预约看病逐渐成为一种新习惯，看病科学合理。我们通过预约挂号平台挂号，提前预约专家，临近看诊再去医院确认挂号，无需排队，节省了诊治的医疗成本。而医生也可以合理安排出诊时间，从容有序，更能专心地看病。那么如何进行预约挂号呢？我们有两个途径，我们可以通过医指通、39 健康网、百姓健康网等医疗健康网站的预约挂号平台进行就医信息的查找和预约挂号。

另外，我们可以通过综合搜索引擎直接检索“挂号”，就可以得到专业挂号平台的检索结果。

图 4.30 “挂号”检索结果页面

基于 PC 端和移动端的挂号网、医指通、Q 医 APP 等智慧医疗运营平台，覆盖全国多家医疗机构，为我们提供预约挂号服务，能够让我们快速预约身边的医生，有效降低预约就诊的时间成本。

（3）玩转医药 O2O。2015 年初的两会上，李克强总理在政府工作报告中提出，“制订‘互联网 +’行动计划，推动移动互联网、云计算、大数据、物联网等与现代制造业结合，促进电子商务、工业互联网和互联网金融健康发展，引导互联网企业拓展国际市场。”实际上，“互联网 +”并非取代了传统行业，而是在此基础上进行了改造升级。在此背景之下，各行各业都受到互联网的浪潮冲击，开始寻求积极拥抱互联网。医药行业作为传统行业，也开始借助互联网的东风，焕发出新的活力。医药 O2O 就是将线下的、传统的医疗和医药业务与线上互联网、移动互联网平台相结合，将线上、线下资源相互转移，形成线上、线下互动的高效、便捷和及时的医疗、医药服务体系。

传统医疗健康在诊前的疾病预防、健康管理，诊中的患者关怀、疾病治疗、患者护理，诊后的康复管理、疾病管理等方面发展不足，为互联网医疗健康发展提供了发展机遇和潜力。医药 O2O 通过整合线上线下资源，重塑更加快捷、便利和系统的医疗模式。医药 O2O 有四大核心模式：O2O 诊所、互联网 + 医生集团、医护上门、医药品电商。O2O 诊所为患者提供轻、慢病症诊断，增加就医渠道，节省就医时间；互联网 + 医生集团为患者提供重、急症治疗；医护上门为患者提供基础护理服务；医药品电商为患者提供用药咨询与药品。

对于医药 O2O 平台的查找，我们在综合引擎上可以直接检索“买药”，就可以检索到相应的医药 O2O 平台。

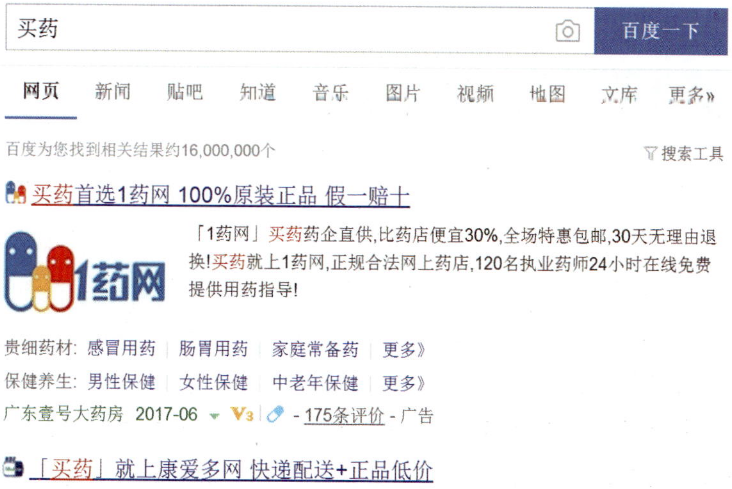

图 4.31 “买药”检索结果页面

医药 O2O 平台提供“药 + 医”的服务模式，平台拥有执业药师及医师团队，为顾客提供专业的健康用药、看病问诊等咨询服务。此外，医药 O2O 平台提供 PC、APP 等多种终端服务，可以实现我们可以随时随地买药、看病就诊的需要。

掌上药房有丰富的药品和医疗器械等，更有执业药师的专业用药指导，高效的配送渠道，实现了药品的快速配送。医药 O2O 商家通过即时配送，使得用户能在短时间内拿到药品，像叮当快药、百度药直达、药给力等多家互联网医药企业都提出了“1 小时送达”的口号。

掌上医院则是通过一些经问诊网络平台，解决慢性病、常见病的“看病难”问题。比如糖尿病患者大可不用每个月都跑到大医院去排队挂号取药，通过网络平台与对接医生咨询问诊，完成在线支付，药品就能快递到家。通过手机端 APP，不同区域、不同人群中的患者都可以更快捷地和医生对接。实现“线上挂号、分诊—线下诊病—线上缴费—线上取报告—线下取药治疗”。

图 4.32　药网医生问诊页面

医药 O2O 平台既可以承担基本的基层医院业务，更为重要的是实现后端对患者的延伸服务，帮助保险公司、医院和医生更好地管理治疗方案和患者。京东到家 APP 的“医药健康”频道、阿里健康等医药 O2O 服务平台，除了送药上门之外，还可以为我们提供家庭医生、体检、医疗网络、健康保险等服务项目，满足我们对医疗服务的各种需要。

总之，随着我国老龄化程度的加深，以及互联网技术的发展，对于“互联网 + 医疗”方面的需求将会越来越大。“互联网 +”和医疗的融合可大大缓解信息不对称问题，提高了效率，减少了资源浪费，优化了用户体验，同时也增强了优质医疗资源的可及性。借助移动医疗的平台展示和评价体系，患者可以找到靠谱、满意的医生并建立起长期而深度的联系。

做个养生达人

随着社会物质生活和精神生活的日益丰富，养生健身、抗病防衰、延年益寿越来越成为人们关注的热门话题。“没啥别没钱，有啥别有病”，是咱们老百姓常说的一句话。钱虽然是我们正常生活的保障，但是健康更是我们生命的保障。一个人如果没有健康，即使家财万贯也没有什么用，健康才是一个人最可贵的财富。为了健康，同疾病做斗争的方式不再固守于生病找医生吃药打针，而是从保健养生知识的学习入手，主动地预防疾病，科学地养生抗病，加强自我保健。从日常生活的点点滴滴做起，保养好自己的身体，做好自己的家庭保健师。有的朋友可能会说：养生、保健知识涉及方方面面，内容庞杂，我怎么才能针对自身的情况进行养生和保健呢？其实这件事并非想象得那么复杂，“我的健康我做主”，我们可以根据自身需要选取关键信息进行查询，制订出相应的养生方案，做个“养生达人”。

（1）“药食同源”的养生之道。现代社会生活中，随着人们生活节奏的加快，工作压力增大，加之不良的生活习惯，导致人们身体免疫力降低，人体生物钟紊乱，并引发身体上的种种不适。我们应该学会在身体向我们发出“不适”的信号前，做好自我身体的健康管理。

随着人类社会的发展，生活水平的提高，健康、养生等理念越来越多地被人们所重视。各个节气适合吃什么样的食物，各种体质适合什么样的养生方式，如何辨别健康绿色的果蔬，总之，如何吃好已成为我们养生、保健的重中之重。怎样根据身体的特点，制订营养健康的食谱，是大有学问的。我们要学会从多角度进行食材、食谱等信息的检索和查询。我们可以借助百度、搜狗等综合性搜索引擎，设置关键的信息进行查找。例如，一年由于节气不同，饮食上也有许多禁忌，那么我们就可以按照二十四节气设置“四季养生食疗”的关键字搜索，了解不同季节的滋补食材、保健菜谱和饮食上的禁忌，做到科学进补，达到养生、保健的目的。

同时，智能的检索引擎还向我们推荐相关养生的书籍和视频，这样我们可以根据自己的需要，进行下一步养生知识的检索与学习。

图 4.33　养生书籍、视频推荐结果页面

我们说养生保健也是因人而异，那么根据不同的人群，儿童、老人，男性、女性也可以设置不同的关键字进行检索，如针对女性，可以设置“女性养生饮食”的关键字搜索，从而得到女性美容、保健、减肥瘦身的食材和保健食谱。通过以上结果的检索，我们就可以针对自己的需要，制订既适合时令又美容养颜的保健食谱。

自古以来，中医就有所谓“药食同源”的观念，认为食物与大多数的药物都源自于大自然中的生物，许多食物既是食物也是药物。食物中的粮食、蔬菜、肉类等性味和缓，长期食用，能有效提高身体的免疫力，和药物一样同样能够防治疾病，达到保健强身的功效。我们吃五谷杂粮，难免身体会出现不适。但是当我们身体发出“不适”的信号时，不要盲目地吃药，可以根据自己的身体出现的病症，查找相应的药膳食谱。药膳是我国传统的饮食和中医食疗文化相结合的产物，它是药材与食材相配伍而做成的美食，兼具药物功效与色、香、味、形，既可以防病治病，又可以强身健体，满足人们“厌于药，喜于食”的天性。检索关键字“药膳”得到检索结果的同时，还向我们推荐了“药膳汤”“药膳养生馆”等多个关键字，我们可以根据自己的需要进行下一步检索。

如果你是一个美食达人，那么就会了解更多的专业的美食、菜谱网站，在那里，也设有专业的健康养生频道。例如“美食杰”“心食谱”“美食天下”等菜谱类网站，都设有健康专栏，在这里，我们不仅可以找到各类菜谱家常菜做法，也可以查阅与我们生活息息相关的健康养生常识，制作适合自己的药膳美食。

随着移动互联网的快速发展，人们越来越依赖于手机等移动终端，各种基于“互联网 +”的健康养生 APP 为我们健康养生提供一个新的平台。养生保健的 APP 提供了有关养生的健康资讯、四季保健、运动养生等资讯知识，有的还可以提供休闲健康领域的在线预订及上门服务。通过 APP，我们可以预约中医推拿、中医理疗、运动健身等服务项目，满足我们对保健的需求。因为养生的 APP 种类较多，建议在检索时按“养生 APP 排行榜”进行检索，这样检索的结果更有效。我们可以根据推荐的 APP，选择适合自己的进行安装，从而实现我们随时随地进行身体保健的目的。

（2）运动保健知多少。一个人要健康，不仅要“管住嘴”还要“迈开腿”。通过自身的锻炼，增强体质，治疗疾病，保持身心的健康，达到延年益寿的目的。

由于每个人的身体素质不同，体现出来的身体形态、耐力和柔韧性也不同，加之年龄和性别等差异，运动保健必须是因人而异地制订健身计划。我们根据自身的身体情况和需要达到的目标，可以设定要查找的相关信息，进而制订个性的、有效的健身计划。例如，中年女性，体形肥胖，目标是减肥、调节内分泌，那么她就适合慢走和瑜伽，可以搜索瑜伽的相关视频，结合“养生减肥食谱”的查询，制订适合自己的养生保健计划。我们可以利用百度、必应等综合搜索引擎直接检索“瑜伽”，得到瑜伽视频等资料，同时在检索结果页面的右侧列出关于瑜伽的相关资源。我们根据自己的需要，可以进行下一步的检索。此外，利用之前介绍的检索方法，我们可以直接在网页地址中检索结果。设置关键词“inurl: 瑜伽”直接检索，从而快速、准确地查询相关的专业网站。年轻男性，耐受力强，目标是增肌，适合进行跑步和力量训练，为了实现目标，我们需要制订一整套的健身计划，可以通过搜索引擎检索“健身计划”，然后根据自己的目标，制订健身计划。

微博作为一种分享和交流平台，因为可以随时随地分享新鲜事和生活经验，所以受到越来越多人的喜欢。我们可以直接在网页地址中检索“健身

inurl:weibo”，可以浏览到“健身”相关的博主和博文，通过关注，可以了解相应的健身视频和相应的健身食谱。手机中健身 APP 的推广和使用，使得运动更科学。例如 keep 、咕咚 、火辣健身、柠檬健等 APP 软件，通过自身身体的数据输入，为你制订了更有针对性的健身计划，并且活动数据实时更新，使得健身更有动力。

（3）健康小贴士查询。随着人们对养生保健的认识度提高，对养生、保健的知识的需求也越来越多。除了图书、杂志的查阅，大家还可以根据自己的需要设置查询内容，我们在百度、搜狗等综合搜索引擎上直接检索“健康”，就可以得到多个查询结果。还可以在网站导航中查找自己需要的信息， hao123 就为我们提供了多个健康网站的链接，可以直接进行下一步检索。

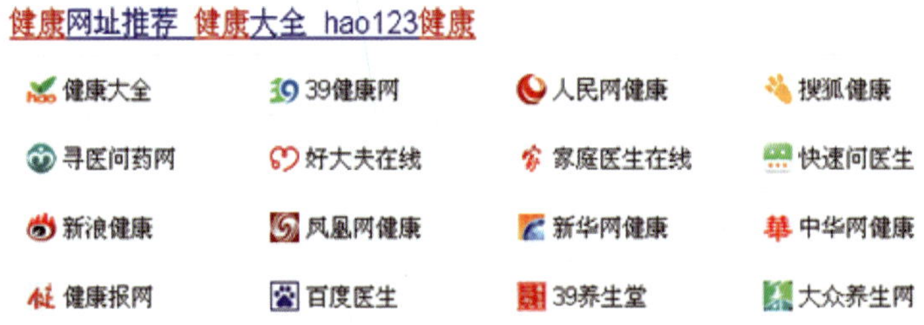

图 4.34 “hao123 网址导航”检索结果

论坛作为快速发展的一种网络媒体，在社会中的影响力和引导力越来越重要。用户在论坛上可以发布信息、进行讨论、获得各种信息服务等。“健康”作为一个永恒的话题，也是人们讨论、关注的热点。健康论坛拥有庞大的用户群体，例如 39 健康论坛、搜狐健康社区等健康论坛，内容涵盖疾病知识、寻医问药、时尚保健等内容，为大家提供专业知识的分享。在论坛中，可以得到很多健康小贴士，这些小贴士涉及健康常识、育儿经验和一些基本的医药知识，它不仅是简单的内容介绍，更多的是实践者的经验分享，使得这些健康小贴士更具适用性和操作性。比如想查找育儿经验，就可以搜索“育儿 inurl:bbs”，在这里，有经验的妈妈会把自己的育儿知识分享给大家，让没有经验的新妈妈避免出现同样的错误。甚至，通过发帖回复，可以进行一对一的交流，为新手妈妈提供育儿保健方面的指导。

图 4.35 “育儿 inurl:bbs”检索结果页面

在论坛中，还可以查找一些病症的相关问题。例如抑郁症，它是目前发病率比较高的一种心理疾病，如果抑郁症没有及时发现和治疗，轻则影响患者的生活和工作，重则会出现自杀行为。抑郁症患者出现病症后，除了药物治疗，更多的是心理治疗，加强与外界环境的沟通与协调。我们可以利用搜索引擎检索“健康 inurl:bbs”，在论坛下的子论坛中查找“病友论坛”，它通过病友的经验分享、病友的相互交流以及治疗体验，帮助患者正确认识抑郁症，及早走出抑郁症的阴霾。

随着“健康中国”上升为国家战略，“防 – 治 – 养”的模式越来越深入人心，我们通过互联网 +，可以学到更多的保健知识，实现我们的健康目标。

CONCLUSION 结语

信息检索并不是新鲜事物，但是长久以来人们都只把信息检索的概念跟学术信息、文献信息相联系，把信息检索看得很“学术”、很“高深”。诚然，在信息不够发达且传播手段有限的年代，信息主要以文献的形式得以流传，很多口头传授或只在小范围产生的信息因为没有及时记录只能随着时间消失了。由于信息数量并不多，且没有更先进的技术，当初人们对信息的检索主要以手工方式为主，需要人为对全部信息进行逐一详细著录，需要调取信息时，再根据著录规则人工查找。然而，随着社会的发展和通讯技术的不断提高，网络和各种智能终端已经遍及千家万户，在信息爆炸的时代，信息检索的范围不再受时间和空间的限制，在全人类信息共享的当下，信息检索的手段也需要与时俱进。

信息的最基本特点就是无处不在。作为检索信息的手段，信息检索与信息是共存的。从本书的内容中可以看出，信息检索不只适用于科学研究和文献获取，它还与我们的日常生活紧密相连。掌握正确的检索技巧能够帮助我们改变生活方式，提高个人素质，缩短相互距离，增强彼此联系。因此，在全世界都在重视信息获取的大环境下，我们更应该从自身做起，树立信息意识，掌握信息检索的方法，熟练使用信息检索工具解决生活、工作、学习中遇到的各种问题，做一个信息达人。